小学校
高学年女子の指導
困ったときの処方箋

赤坂真二 著

学陽書房

まえがき

　小学校高学年女子の間で実に痛ましい事件が起こりました。
　報道を聞いたときのショックは今でも忘れられません。しかし、小学校の教師としてはショックを受けているだけでは済まされません。同じようなことを二度と起こしてはならない。これが学校に勤める者の責任だと思いました。
　高学年女子の指導は、以前から「むずかしい」といわれていました。しかし、それはどちらかというと「若い男性教師」の悩みでした。年齢を重ねるにつれて解決することが多かったのです。それだけに、真剣にその指導法が語られることがなかったように思います。
　しかし、この頃は、「若い男性教師」だけではなく、ベテラン男性教師、そして、女性教師までも悩ます問題になってきています。高学年を担任すると女子は「めんどうだ」「ややこしい」「どう接していいかわからない」との声を聞きます。複雑に絡み合った人間関係から起こる問題行動は、解決がむずかしく、非常に時間がかかります。女子との関係がこじれ、こころを病んでしまう教師も少なくないと聞きます。排他的なグループ形成やゆれ動くこころなどの高学年女子の特有の現象に、人間関係を結びにくい現代の状況が拍車をかけ、深刻な問題になってしまったように思います。
　とはいうものの、この「むずかしい」存在の女子が、すばらしい力をもっているのも事実です。透き通るような感性や純粋なまでの正義感、そしてときには、男子顔負けの行動力を見せます。私は、そういう女子たちに多数出会ってきました。そうした女子のすばらしいパワーが、学級づくりに欠かせません。女子と男子が、お互いのもっているパワーを建設的に発揮すれば、学級はまちがいなくすばらしい集団になります。

女子のパワーを引き出す方法はあるはずです。それを、勇気をもって公開し、多くの教師と共有していくこと。われわれ教師に課せられた責任に応えることだと思います。そんな思いから本書が誕生しました。

　本書には、私の経験や取材した事例から有効だと思った27の事例が挙げられています。登場する人物名は、すべて仮名です。また、事例の詳細は、文脈を変えない程度に変更してあります。これらのことを考慮してお読みいただければ幸いです。

　本書の発刊にあたり、多くの方々から協力をしていただきました。親や教師の支援活動をされている子育て支援カウンセラーの小柳信子先生からは、カウンセリングの手法と人間関係づくりの基礎・基本を教えていただきました。また、上越教育大学の林泰成先生からは、ロールプレイングに関する理論と実践をご教示いただきました。また、新潟でともに学ぶ教育サークル「有志の会」の皆さんからは多数事例をいただきました。特に、菅原香代先生（新潟市立紫竹山小学校）からは、詳細なレポートをいただきました。最後になりますが、学陽書房の藤井雅子さんからは、本書を執筆する機会をいただくとともに、資料集め並びに本書の根幹に関わる重要なアドバイスを多数いただきました。

　皆様、本当にありがとうございました。

　本書が、読者の皆様の学級づくりに役立ち、子どものためになることを願ってやみません。

2005年3月

　　　　　　　　　　　　　　　　　　　　　　　　　赤坂　真二

目 次

プロローグ　高学年女子のこころ ……………………………………… 7

第1章　人間関係トラブルの処方箋 …………………………… 20

- 事例❶　教師になれなれしくしたり距離をおいたり ………………… 22
- 事例❷　メモまわし ……………………………………………………… 26
- 事例❸　交換ノートに書かれた悪口からけんか ……………………… 30
- 事例❹　くつかくし ……………………………………………………… 35
- 事例❺　感情的になって相手を罵倒 …………………………………… 39
- 事例❻　友達を独占したい ……………………………………………… 43
- 事例❼　悩みごと相談から発生する対立 ……………………………… 47
- 事例❽　孤　　立 ………………………………………………………… 52
- 事例❾　男子からのいじめ ……………………………………………… 57
- 事例❿　無視されているみたい・にらまれているみたい …………… 61
- 事例⓫　メール、チャットのやりとりからけんか …………………… 65

第2章　グループ化への処方箋 ………………………………… 70

- 事例⓬　グループ化するとき …………………………………………… 72
- 事例⓭　グループ対立①　初期の対応 ………………………………… 76
- 事例⓮　グループ対立②　解決のための話し合い …………………… 00
- 事例⓯　集団で教師に反抗 ……………………………………………… 84
- 事例⓰　グループの仲間はずしが学級全体へ蔓延① ………………… 89
- 事例⓱　グループの仲間はずしが学級全体へ蔓延② ………………… 94

第3章 「乙女心」トラブルへの処方箋 ……………………… 98

- 事例⓲　すぐいじめられたと訴える……………………… 100
- 事例⓳　すぐ怒る・カッとなる…………………………… 104
- 事例⓴　いつも不機嫌で憎まれ口を言う………………… 109
- 事例㉑　わがまま…………………………………………… 113
- 事例㉒　茶髪にしてくる…………………………………… 117
- 事例㉓　不必要な物を持ってくる………………………… 121
- 事例㉔　目立つ仕事をやろうとしない…………………… 125
- 事例㉕　言いたいことが言えない………………………… 129
- 事例㉖　テストにこだわる………………………………… 133
- 事例㉗　「よい子」………………………………………… 137

エピローグ　女子の「荒れ」に備える ……………………141

プロローグ

高学年女子のこころ

「むずかしい」「めんどうくさい」「ややこしい」
といわれる高学年の女子をどう理解し、
どうかかわればよいのか

「女の子だけはわからない……」

　K先生と担任する６年生女子との溝は、少しずつ深まっていったといいます。しかし、その亀裂が決定的になったのは、ある日の図工の授業のことでした。図工の授業で、子どもを校内に写生に出しました。ほとんどの子どもが、絵の進行状況を報告するために時間中に絵を見せに来ましたが、女子が２人、時間の終わりになっても見せに来ませんでした。おかしいと思ったK先生が、校舎内を見回りに行くと、図書室で、その女子２人がおしゃべりをしていました。まだ、画用紙は真っ白でした。カッときたK先生でしたが、気持ちを抑えるようにしながらその２人を注意しました。２人の妙によそよそしい態度が気になった以外は、その日は大きな変化なく終わりました。

　しかし次の日。その女子を含む女子８人が、K先生と話をしなくなりました。正確には、話しかけると応じるのですが、「別に」とか「何でもない」とか実にそっけない対応をするようになりました。やがて、その８人に追従するように、１人を除いて女子は全員、担任を「無視」をするようになりました。そうした他の女子の態度に反発し、同調しなかった１人の女子は、完全に孤立しました。男子は、何とかしたいと思いながらも、統一された女子の行動に為すすべがありませんでした。結束した女子は、授業中には能面のように無表情で黙り込み、休憩時間には、奇声を挙げて大騒ぎ。給食中は、担任を視界に入れないように、目の前を手の平で覆いながら食事をするということまでやってのけるようになりました。

　こうしてクラスは、ばらばらになり、K先生は、すっかり自信を失い、体調を崩してしまいました。

　勉強熱心なK先生は、それまでは生徒指導にも教科指導にもそれなりに自信をもっていました。しかしそれ以来、高学年女子に対する苦手意

識ができてしまったそうです。
　K先生は、そこまで沈痛な表情で話すと、最後にぽつりと言いました。
「高学年の女の子だけは、わからない……」

　若い頃に高学年の女子に「手痛い目」に遭わされる男性教師は、多くいます。しかし、この頃は、教職20年を過ぎたベテラン男性教師も、また、女性教師も、「高学年女子はむずかしい」と言います。「男子の荒れは何とかなる、女子が荒れたら手がつけられない」と言い切る生徒指導担当もいます。高学年女子との関係がこじれ、体調を崩したり、こころの病に陥ってしまう教師もいると聞きます。かつては、若い男性教師特有の悩みだったことが、今は生徒指導上の大きな問題になっていることをうかがわせます。

　高学年女子の指導は、なぜ、むずかしいのでしょうか。そして、どのように対応したらよいのでしょうか。

子どもの目的を考えよう

　高学年女子の心理を考える前に、本書の基本的な立場を述べます。
　現象を理解するときに、2つの立場があると思います。その現象が起こった原因を考える原因論と、その現象が起こる目的を考える目的論です。本書は、目的論に立って、この問題を読み解き、対策を考えていきます。
　「お腹が空くからものを食べる」のか「空腹を満たすために食べる」のか。現実は、どちらとも正しいのかもしれません。しかし、われわれ教師の仕事を考えたとき、原因論に立ってしまうとあまりできることはなくなってしまいます。たとえば、お母さんのかかわりが足りなくて学校で嫌がらせやいたずらなどの問題行動を繰り返す子どもがいたとしま

す。この子どもの問題行動の原因は、お母さんのかかわり不足です。ならば、学校で何ができるのか。教師が、お母さんと等質の愛情を与えることができるでしょうか。答えは「否」ですよね。また、お母さんに、もっと子どもに目をかけてくれるように頼むことができるかもしれませんが、できるのはそこまでです。もし、お母さんがさまざまな事情で子育てに集中できない事情を抱えているとしたら、教師はお母さんの悩みを解決してあげられるでしょうか。やはり、「否」です。

　それでは、目的論に立って考えてみましょう。この子どもの行動を、家庭で得られない愛情を、学校で他者の注目を引こうとすることで満たそうとしていると考えたとしましょう。他者の注目を引こうとする目的を批判することはできません。誰だって注目を引きたいものです。しかし、それを嫌がらせやいたずらで実現しようとすることは間違っています。だから、クラスに協力するとか学習をがんばるとか、適切な方法を教えればよいのです。ですが、「教えればいい」と簡単に言わないでくれ、それをすることがどんなに大変か！　とおっしゃりたくなるでしょう。しかし、お母さんの代わりになったりお母さんを教育したりすることと、この子どもにクラスへの協力の仕方を教えたり学力をつけたりすることのどちらがわれわれの仕事かと言ったら、後者と言わざるを得ないでしょう。

　また、原因は過去にあるものです。小さい頃の親子のかかわりが原因だったら、もう、それは教師の手の届かないところにある問題です。しかし、目的は現在にあるものです。われわれは子どもの過去にかかわることはできませんが、現在にかかわることはできます。だからといって、子どもの生育歴や家庭環境を知ることが無意味なこととは思いません。むしろ、大切なことだと思います。しかし、それらは、子どもの目的を理解する上での材料にするべきでしょう。

　高学年女子の問題も同様に、目的論に立って彼女たちの行動を読み解くことによって、理解が深まり、対応の方法も見えてくるのです。

高学年女子の目的

　子どものクラスにおける目的は何でしょうか。われわれが研修会などに出かけて、真っ先にすることは座席を確保することです。しかし、それだけでは何となく居心地が悪い。次にすることは、知り合いを探すことです。知らない場所で、友人に会ったりすると安心でき、それまでは居心地の悪かった会場が、途端に気にならなくなる。そんな経験をされた方も多いでしょう。座席が、物理的な「居場所」ならば、知り合いや友人はこころの「居場所」とでも言いましょうか。人は、知らず知らずに、自分の「居場所」を求める存在なのです。

　そこで、子どももクラスでは、自分の「居場所」を求めているととらえてはいかがでしょうか。それも、座席は全員に確保されているので、クラスではこころの「居場所」が大きな意味をもつ。私はこう考えたとき、教室における子どもの行動が実にクリアに理解できました。学習や係活動をがんばる子どもは、それにより教師や他の子どもに認められて「居場所」をつくることができる。また、教師に反抗的な子どもは、教師に逆らうことで、教師とかかわることができ、周囲にも一目置かれるのです。

　このように考えてくると、子どもにとっては、クラスのなかでこころの「居場所」を確保することが、最も重要な目的だといってもよいでしょう。

　では、なぜ、同じ目的をもっているのに、高学年の女子は指導がむずかしいのでしょうか。

女子にとっての「居場所」とは

　9歳、3年生までは親や教師を絶対視し、大人の言うことをよく聞きます。しかし、10歳、4年生くらいになると、段々と自分が確立してく

るとともに、友達のもつ意味が重要になってきます。そうすると男子と女子では、友だちとのかかわり方が顕著に変わってきます。

　男子は、これまでのように遊んだり、スポーツをしたり、ゲームなどの趣味を共有したりすることで友だちとのかかわりを深めて「居場所」を確保します。しかし、女子は、「居場所」を確保するために友だちとかかわりを深めます。つまり、女子は、「居場所」を守るために「居場所」をつくるのです。男子にとってはこころの「居場所」を確保することが純粋な目的であるのに対し、女子にとってそれは、目的であり手段なのです。「居場所」は、子どもにとっては最も大切なものですから、女子は強固な揺るぎないものをつくろうとします。

　4年生以降の女子の人間関係は、不特定なかかわりから固定的なかかわりに変化します。ここでつくられるのが「居場所」としての閉鎖的な仲良しグループです。

個にして全

　この仲良しグループのなかでは、「同じこと」が求められます。好きなアイドル、キャラクター、ブランド、読んでいる雑誌、服装。同じような服を着てきて、筆入れの中身やノートをそろえたりすることもします。同質化することで「居場所」をより強固なものにするのです。学級生活の面から見ると、同じ係に所属したり、同じ掃除場所に立候補したり、トイレに行くのも教室移動も一緒。片時も離れることはありません。

　仲良しグループは、クラスでは「自他の区別がつかないくらい」強固に結びついています。グループ化している子どもが話をするときに、よく「わたしたち」という主語を使います。それで「あなたはどう考えているの？」と聞くと、途端に能弁だった口が閉じるほどです。だからグループの1人を叱るときは要注意です。グループの誰かを否定することは、グループ全体への挑戦になります。グループの1人と関係がこじれ

ると、一気にグループ全体と関係が悪くなります。グループへの指導を誤ると、学級崩壊へと加速してしまう可能性があるわけです。

「ウラ攻撃」

　女子の指導のむずかしさは、グループ化の他に、その攻撃方法にもあります。金品を取る、暴力を振るうなどの見えやすい攻撃方法を「オモテの攻撃」とするならば、女子の攻撃は、無視、手紙まわし、陰口などの見えにくい攻撃方法、「ウラ攻撃」で行われます。「オモテ攻撃」は、物品や証言など、証拠がありますから指導がしやすいといえばしやすいのです。ところが、「ウラ攻撃」は、悪口を書いた手紙でも見つからない限り、なかなか切り込めません。「やっていません」と言い張られれば、われわれ教師には、それ以上の追及はしにくいのです。

危うい仲良しグループ

　仲良しグループが、本当に「仲良し」かというとそうでもありません。けんかやいじめは、人間関係の希薄なところに起こりやすいと思われがちですが、実は、女子のグループ内では頻繁に起こっているのです。仲良しグループの人間関係が対等であるならば、グループ内では大きな問題は起きません。しかし、ほとんどの場合、そうなっていません。自己主張の強いリーダー格の子どもがいて、言いなりになってばかりいる受動的な子どもとその中間の子どもから構成されています。

　短い期間の無視、靴や物を隠す、遊びでいつもオニをさせるなど、発覚しにくく、万が一発覚しても、やった者が特定しにくい「ウラ攻撃」でやります。

　発覚しにくい理由は、もう１つあります。被害者が訴えないからです。先に述べた通り、グループは彼女たちにとって「居場所」です。訴える

ことは、「居場所」を放棄することです。それは、すなわち独りぼっちになることです。普通のクラスだったら、そうなることはあまりありません。他の子どもが、友だちになってくれます。しかし、当の本人が、グループを出たら「居場所」がなくなると思いこんでいるのです。

こうしたグループ内のウラ攻撃は、明らかになることはなく繰り返されます。そして、ある日、攻撃され続けた子どもの体調に異変が起こるなどして、周囲がやっと知ることになるのです。

「今どき」の事情

女子が閉鎖的仲良しグループをつくり、無視などのウラ攻撃を使うことは今に始まったことではありません。今、これだけ高学年女子の指導がむずかしいといわれるようになったのは、女子特有の現象に拍車をかける今日的な事情もあるのではないでしょうか。下記のような「今どき」の事情が、女子の問題を量的にも質的にも深刻なものにしていると思われます。

（1）尊敬の念の欠如

昨日までべったり一緒にいた親友と今日あっさり絶交してしまう。こんなことが女子の間に起きています。そこには相手の人格を重んずる姿勢が感じられません。人を尊敬することの大切さがあまり教えられなくなりました。人に対する尊敬の念は、備わっているものではなく教えるものだと思います。尊敬の念の欠如は、怒りや憎しみにブレーキをかけることがむずかしくなってしまうのではないでしょうか。

（2）メディアの影響

最近は「そこまでする？」と言いたくなるような相手の人格をズタズタに切り刻むような言動をする子どもがいます。子どもが自発的に考え

たものというより、雑誌や漫画、テレビなどのメディアや周囲のふるまいによって、憎しみや怒りなどの具体的表現方法を獲得しているのではないでしょうか。子どもが憎しみや怒りを表現しようと思ったら、いくらでも過激な表現が用意されているのです。

また、女子には同質性を高めるためのコミュニケーション手段があります。交換ノートや手紙です。ひとたび攻撃がそのなかで始まると、人目に触れないのでより過激になりがちです。さらに、それらに加えて、メールやチャットなどを利用する子どもも増えています。これらは高速の活字だけによる極めて特殊な形のコミュニケーションです。思ったことがすぐに相手に伝えられるにもかかわらず、そこには、感情やニュアンスが希薄で、誤解が生まれやすくなっています。新しいメディアによる情報交換が、侵害的言動のやりとり暴走の危険性を高めています。

(3) 自信の喪失

　自信のない子どもが目立ちます。独りになることを必要以上に恐れています。友だちがたくさんいることが一種のステイタスになっている感じさえします。そうした傾向が、仲良しグループの閉鎖性を一層強固にしているようです。また、自信のなさが内側に向けられ、それを補おうとして、服装やスタイルに過剰な関心を高めることになっているようです。外見への悪口は、かなりのダメージを与えることでしょう。子どもはかつてより一層傷つきやすくなっています。

(4) コミュニケーションスキルの未熟さ

　コミュニケーションスキルの未熟さは、子どものコミュニケーション構造を二分化しています。自分の言いたいことをズバズバいうタイプと、言いたいことが言えず言いなりになるタイプです。前者は、グループの中心となり発言力を増し、後者は、前者に追従することで「居場所」をつくろうとします。教室に対等な人間関係が育つことが阻害され、上下

関係を生む要因になっています。

　相手の感情に配慮したものの言い方や、いやと言うときの断り方がわからない子どもがかなりの割合でいます。人間関係を形成したり、維持したりするコミュニケーションスキルが、未熟なために、起こさなくてよいトラブルを起こしているケースが目立ちます。

(5)「ほめて育てよ」への誤解

　十数年前の「ほめて育てよ」のブームに対する誤解がそのまま、今の子どもに暗い影を落としています。「ほめて育てよ」というのは「叱ってはいけない」とまで言ってはいないはず。叱られ慣れない女子は、叱られると「全否定」されたように感じて、こころを閉ざしたり、反発したりする子どもが多いようです。叱られたことのない子どもの増加が、指導をむずかしくしています。

女子とかかわるポイント

　ならば、高学年女子の指導は、どのようにしたらよいのでしょうか。
　次の5つのポイントを考慮して、第1章以下をお読みいただきたいと思います。

(1) I（アイ）メッセージで語る

　女子は叱られ慣れていません。感情的に叱ったりすると、そのことが受け入れられなくて、そのまま教師とコミュニケーションを断ってしまう場合があります。コミュニケーションが断たれると、修復は非常に困難です。しかし、ダメなことはダメと伝えるのもわれわれの仕事です。そんなときは、I（アイ）メッセージで語ることをお勧めします。I（アイ）メッセージとは「私メッセージ」ともいわれ、自分の気持ち、感情を素直に相手の目を見て語ることです。「あなたのそこがいけない」

と責めるのではく、「私はあなたにそれをしてほしくない」と穏やかに伝えることです。

(2) コミュニケーションスキルのトレーニングをする

「相手の感情を害さないように申し出を断る」「自分の不快感を適切に伝える」「相手を傷つけずに自分の言いたいことを伝える」などの人間関係を形成したり維持したりするスキルを、ロールプレイングなどを通して学ばせることが必要です。相手に不快感を伝えてはいけないと思っている子どもや、相手を傷つけないコミュニケーションのイメージをほとんどもっていない子どももいます。実際の場面やロールプレイングなどの疑似体験を通して具体的に学ばせます。

(3) グループ全体を視野に入れて指導する

トラブルを起こした女子が特定のグループに所属していたら、当事者だけでなく、グループ全体と話し合いをもつなどの、グループ全体を視野に入れた指導が必要です。現象的には、2人のけんかでも、それぞれのグループが味方についている場合は、グループ対立になっていることがあります。2人の間で問題が解決しても、グループの対立を解消しない限り、また、再燃するからです。

(4)「全員をひいき」する

ひいきは最も子どもに嫌われる教師の行為ですが、全員にひいきをしたらこれは強力な人間関係づくりになります。「居場所」を確保したい女子は、「認められたい」という気持ちが強いものです。「先生、先生」とくっついてくる彼女も、一歩下がって冷めた目で見ている彼女も、みんな教師に気に入られたいと思っています。一人ひとりに「私(先生)が一番好きなのはあなた」と思わせるようにします。全員の前で、「私は全員をひいきします」なんてことは言わないでください。一人ひとり

こっそりやるから効果があるのです。一人ひとりとの太いパイプをつくっておくわけです。一人ひとりとコミュニケーションをいつでもとれる状態にしておけば、多少問題が発生しても、必ず解決できます。

(5) 日々のコミュニケーションを怠らない

「全員をひいき」するためや問題の早期発見のためには、日々のコミュニケーションがとても大切です。一緒に遊んだり、おしゃべりをしたり、常にコミュニケーションを絶やさないことです。子どもと良好な関係であることは、学級づくりの基本です。多少テストの採点が遅れようと、放課後の仕事時間が少なくなろうが、子どもと関係が悪化することに比べたらほんの小さなデメリットです。女子とのコミュニケーションの基本は「聴く」ことです。女子はおしゃべりが好きです。たくさん教師に聴いてほしいのです。彼女たちの話を、うんうんと楽しそうに聴きましょう。だんだんとパイプができてきます。

また、問題が起こったときなんでもかんでもしゃしゃりでないことです。教師に介入してほしくないときもあります。ここでも子どもとコミュニケーションをしっかりとります。「先生に、してほしいことある？」「○○してもいい？」と願いを確かめながら行動します。ときには、じっくり「見守る」ことが必要なときもあります。

プロローグ　高学年女子のこころ……19

人間関係トラブルの処方箋

べったりくっついたかと思うとばっさり切る！
そんな高学年女子の人間関係に起こる
トラブルへの対応の仕方

【好ましくない例】

- 教師になれなれしくしたり距離をおいたり
- メモまわし
- 交換ノートに書かれた悪口からけんか
- くつかくし
- 感情的になって相手を罵倒
- 友達を独占したい
- 悩みごと相談から発生する対立
- 孤立
- 男子からのいじめ
- 無視されているみたい・にらまれているみたい
- メール、チャットのやりとりからけんか

【好ましい例】

教師になれなれしくしたり距離をおいたり

事例 1

　ゆかりさんは、教師に対して「先生、マジ？」「先生これチョーダイ！」と友達のような会話をします。ときには、「先生、バッカじゃない？」などと失礼なことを言ってしまうこともあります。指導しなくてはと思い、注意したり、叱ったりすると次の瞬間から、教師を避けたり、よそよそしい態度をとったりします。適切な距離を保つのに、とても気をつかいます。

　また、6年生くらいになると、だんだん教師と距離をおこうとする子どももいます。持ち上がりのクラスでも、5年生のときは何でも言ってくれたのに、6年生になったらあまり話してくれなくなったということもよくあります。

　高学年の女子と適切な距離を保ち、良好な関係を保つためにはどうしたらよいのでしょうか。

処方箋

❶ 友達のように話しかけてくる場合

（1）深刻にならない

　友達のように話しかけてくるのは、その表現方法が少し誤っているだけで、深刻にとらえることはありません。その子どもは、「先生とかかわりをもちたい」と思っています。学級経営で、一番怖いのは子どもとコミュニケーションが切れることです。ゆかりさんは、どのような形であれ、教師とかかわろうとしています。教師に対して、それだけ親しさ

を感じてくれていることに喜んでよいのです。

　ただ、適切な表現方法を教えていく必要があります。高学年の女子には、注意されたり叱られたりすると、自分が否定されたと思って、教師とかかわりを断とうとする子どもがいます。だから、深刻にならず、明るくさわやかに指導することが、大切です。

(2) まず、教師から

　子どもに礼儀をわきまえた言い方を期待する前に、まず、自分の言葉がけをチェックします。自分が、「お前なあ」とか、「おい、元気か？」なんて言っていては、子どもに「この先生には友達口調でいい」と思わせてしまいます。こういうコミュニケーションが必要であることは否定しませんが、極力少なくします。教師から、「きちんと名前で呼ぶ」「『です、ます』で話す」など、ていねいな話し方を心がけ、モデルとなりたいものです。

(3) 望ましい言い方に注目する

　友達のように話しかけてくる子どもも、いつもいつも誤った話し方をしているわけではありません。1日のうち、何回か望ましい話し方をしているはずです。そのときを逃さず、ほめたり喜んだりします。次のような言い方が考えられます。
「そう言ってくれるとうれしいです。」
　または、
「そんな言い方されると気分がいいですね。」
　などと言えばよいでしょう。
　言葉だけでほめようと思わないでください。毎回、こんなことを言われては、子どもだって面倒くさくなります。だから、子どもが望ましい話し方をしていたら、うれしそうに話したり、いつもよりたくさん話したりする。つまり、肯定的な感情を伝えるようにするのです。

しかし、この逆はしないようにしてください。望ましくない話し方をしたときに、「なんだその言い方は！」と怒ってみたり、嫌な顔をすると、その子どもとの関係が悪くなります。

（4）感情を伝える・言い方を提案する

　もっと話を盛り上げたい、教師の関心を引きたいと思うと、子どもの表現がオーバーになってしまうことがあります。そんなとき、教師が腹を立てるようなことをわざと言ってしまうこともあります。そんなときは、明るく指摘します。
「今のちょっと言い過ぎじゃないですか？」
「その言い方は傷つきます。」
　子どもが教師の関心を引こうとしている場合は、困った表情や傷ついた表情をすると、子どもは余計に調子にのることがあります。だから、明るく自分の感じた不快感を言葉にして言います。センスのよい子どもはここで、「先生、ごめんね」と言うでしょう。でも、多くの場合は、言いません。だから、望ましい言い方を提案します。
　たとえば、教師の失敗をとらえて「先生、教師失格だよ。」と言ったら、
「そこまで言わなくてもいいでしょう。そういうときは、先生、残念だったね、と言ってほしいなあ。」
　子どもが明るく言ってくれば、教師も明るく言い返せますが、子どもが不快感を顕わにして言ったときは、腹が立ちますが、そこはこらえて明るく言いましょう。

❷ 話しかけてこない場合

（1）成長だと思って見守る

　自分の気持ちをあまり積極的に伝えるタイプではない子どもは、教師

にだんだんと自分の気持ちを表さなくなります。彼女たちは思春期に入っています。何でも話すことの方がまれだと思った方がよいでしょう。持ち上がりだと、昨年のイメージで子どもと付き合いがちですが、子どもは日々成長しています。特に、女子は、5年生と6年生ではがらりと雰囲気が変わる子どももいます。教師からあいさつをする、話しかけるなどの働きかけは絶やさぬ一方で、そうした子どもの変化を成長だと肯定的に受け止め、落ち着いて見守る態度が必要です。

(2) いつでもおいで

　しかし、いつでも教師の心の扉は子どもに向けて開いておく必要があります。何か浮かない顔をしている、何となく元気がない、そんないつもと違った様子に気づいたら、積極的に行動したいものです。たとえば、いつもに比べて元気のない子どもに気づいたら、
「どうしたの？　何かあったの？」
　と声をかければよいでしょう。
　彼女が話し始めたら、聞けばよいのです。もし、話したくないのなら、次のように言います。
「今は、話したくないのかな。（間を空けて表情を見る）それじゃあ、自分で解決できないときや話したくなったときはいつでもおいで。待っているから。」
　抱えている問題によっては、話したくないこともあります。そんなとき、根ほり葉ほり聞くのは賛成できません。話すか、話さないかは子どもが決めることです。しかし、頼りたいときはいつでも頼ってよいことを伝えておきます。頼ってもよい人がいる、自分に関心を向けている人がいる、と思えることが彼女を勇気づけます。

メモまわし

事例 2

　ある日、教室の隅で、「きょうこちゃんてムカつくよね」と書かれたメモが見つかりました。
　高学年女子の「得意技」の1つです。授業中に教師の目を盗んで私的なメッセージを書いた紙片を友達にまわします。
　内容は、「今日の昼休み、何して遊ぶ？」というような他愛のないものから、他者の悪口を書いたものまでいろいろです。しかし、放っておくと、「今日から○○を無視しよう」などのメモがまわされ、深刻ないじめに発展することもあります。クラスで、このような「メモまわし」の事実がわかったときの対応です。

処方箋

❶ 迅速な全体指導

　直接メモを渡すところを見かけることは、ほとんどないでしょう。子どもはそんなにうっかり者ではありません。ほとんどの場合、発覚するのは、教室の隅などに落とされた物が見つかるときです。
　メモを見つけた。内容が他愛のないものだった。だからといって、「少し様子を見よう」なんてのんびり構えてはいけません。1枚のメモが発見されたら、すでに、クラスの子どもが「メモまわし」というコミュニケーションの手段をもっているということですから、放っておけば、

女子を中心にあっという間に広がります。だから、即、全体指導です。感情的になって大きな声を出す必要はありません。落ち着いた声の調子で、しかし、毅然（きっぱり）と語ります。

「昨日の放課後、こんなメモが見つかりました（実物を見せながら）。内容は、ある人に対する悪口が書かれています。読みます。『〇〇ってバカだよね（きょうこさんの名前は伏せる）』。ここに自分の名前が書かれていたらどんな気持ちがしますか。」

何人かの子どもにどんどん聞きます。「悲しい」「嫌な気持ちになる」「学校に来たくなくなる」などと言うでしょう。

続けて言います。

「誰だって嫌だし、傷つきますよね。でも、書いた人は、この人に言いたいことがあったのかもしれません。直接言えないからこんなことを書いたのかもしれません。はい、それでは、腹が立ったり、嫌なことがあったりしたとき、こんなふう（メモを示しながら）に他の人に伝える人が増えたら、このクラスはどうなるでしょう。」

また、どんどん子どもに答えさせます。「みんなの仲がわるくなる」「クラスが暗くなる」などのことを言うでしょう。ふざけ半分に答える子どもがいたら、「〇〇さん、まじめに考えなさい。1人の人が傷ついているのですよ」ときっぱり言って教師の姿勢を示します。

さらに、子どもに問います。

「（子どもの出したクラスのマイナスイメージを受けて）こんなメモをまわすようなクラスにしたい人？（挙手させる）したくない人（挙手させる）？」

間違いなく、後者に全員が挙げます。そして、次のようにいって締めくくります。

「みなさんが私と同じ気持ちなので安心しました。こうしたメモまわしによって多くのいじめが起こっています。いじめのきっかけになるようなことを私は許しません（断定的にいう）。このメモを書いた人だ

けでなく、今日まで、こういうことをしてしまった人は、二度としないでください。不満があったらその人に直接伝えなさい。一人ひとりが気をつけて悲しい思いをしなくていいようにしようね。」

　この指導のポイントは、「こういう行為を続けるとクラスにどういうことが起こるか」を考えさせることです。一時の感情の高まりや面白半分でやったことが、実は、とても危険なことであることをしっかりと認識させます。

❷ 穏やかに個別指導

　全体指導の主なターゲットは書いた子どもではなく、その周りの子どもです。「メモまわし」が広まらないようにするための指導です。他の子どもの証言や筆跡から、または名乗り出た場合などにより、メモを書いた子どもが特定できた場合は、個別の指導が必要です。

　他の子どもの情報から、ひろみさんが書いたことがわかりました。ひろみさんに確かめると素直に認めました。

　その行為が誤っていることは、もう全体指導の場で伝えてあるので、ここで、あらためてその子にお説教する必要はありません。ここでは、ひろみさんときょうこさんの人間関係のもつれをほどくことが指導の目的になります。

　まず、子どもに問いかけます。

「きょうこさんと何かあったの？」

　特に女子は、教師の感情の動きに敏感な子どもがいるので、穏やかな口調と表情で、時間をかけて聞きます。こちらに子どもを責めようという態度があると、心を閉ざしてしまうこともあります。子どもを責める雰囲気をつくらないようにします。子どもが悪口を書いた理由を述べたら、その子どもの気持ちをいったん受け止めます。「そうか、そんなことがあったんだ。だから、メモなんか書いちゃったんだ」などと言うと

よいでしょう。次に、
「あなたはどうしたいの？」
と聞いて子どもの願いを明らかにします。このとき、教師に気持ちを聞いてもらって落ち着いている場合は、「もういい」と言うかもしれません。「もういい」と言ったら、「今度はメモなんかに書いて他の人に言わないで、直接伝えた方がいいと思うよ」と言って終わりにします。

気持ちが収まっていなければ、「謝ってほしい」などと言う場合もあります。または、「自分の気持ちを伝えたい」と言うかもしれません。

謝るにしても、自分の気持ちを伝えるにしても、きょうこさんと話す場を設定しなくてはなりません。きょうこさんと話す場所と時間を決めます。また、その場で、けんかにならないように、自分の気持ちの適切な伝え方についても練習します。言い方がわからない子どもがほとんどだからです。次のようにします。

ひろみ：この前の図工の時間……私の絵の具を……勝手に使って嫌だった……。

教　師：「勝手に」じゃなくて「断らないで」にしたらどう？　そして、その後にあなたの気持ちを言うんだよ。

ひろみ：この前の図工の時間、私の絵の具を断らないで使って嫌だったので今度は、断ってほしいんだけど。

教　師：そう、いい感じだね。

きょうこさんを呼び出すときは、きょうこさんに十分な説明が必要です。メモに自分の名前が書かれたことを知っているならば、気になるので進んで話し合いに応じますが、この場合は、きょうこさんは呼び出されるわけがわかりません。次のように話すとよいでしょう。

「ひろみさんが、この前の図工の時間のことで話したいことがあるんだって。聞いてくれるかな。」

2人が向かい合ったら、ひろみさんが練習した通りに言えるように援助すればよいでしょう。

交換ノートに書かれた悪口からけんか

事例 3

　しおりさんがどうも孤立してきました。気になって声をかけてみると、仲のよかったえりさんたちが急に話してくれなくなったとのこと。交換ノートの悪口がきっかけのようです。

　女子の多くがやっている交換ノート。人の目に触れないところで行われる情報交換なので、ときには暴走し、人の悪口などが書かれます。本来秘密であるはず内容が、ばれてしまうことがあります。1人が複数の子どもと交換ノートをしているので、「○○ちゃんとの交換ノートにあなたのことムカつくって書いてあったよ」と悪口を書いたことが、当人にわかってしまうのです。攻撃された方は、黙っていません。交換ノートに悪口を書いて反撃します。複雑に入り組んだ交換ノートの情報網の中で、1つの悪口が増殖をします。教師が気づいたときは、女子の人間関係があちこちでぎくしゃくしていることになります。

処方箋

❶ 孤立してきた子どもにアプローチ

　孤立してきたしおりさんが、「最近、みんながしゃべってくれない」とか訴えてくれれば、比較的楽です。その訴えに耳を傾ければよいのです。しかし、浮いてきた子どもから悪口を始めていることがあり、本人もそのことを自覚しているので、自分たちから訴えてきません（力をもったボスがいる場合は、この限りではありません。悪口を始めた方が多数派

になることもあります)。そこで、教師からしおりさんに声をかけます。
「最近、みんなとしゃべっていないようだけど、何かあったの？　見ていて心配になったんだ。よかったら、話してくれない？」

　孤立はつらいので、相当こたえているはずです。だから、話してくれるでしょう。話そうとしなかったら、「いつでも話しにおいで」と少し待ってみて、数日後にまた、声をかけます。

　さて、しおりさんが話し始めました。「いついつからえりさんたちが話してくれなくなった」などと言うでしょう。「どうしてそうなったか、思い当たることある？」と聞くと、自分が交換ノートに悪口を書いたと言うかもしれないし、言わないかもしれません。

　どちらの場合でも、孤立してしまったつらさを受け止めながら聞きます。教師がきちんと聞いてあげれば、子どもは安心していろいろなことを話してくれるはずです。

　一通り聞いたら、尋ねます。
「それで、どうしたいの？」
「前みたいに話せるようになりたい」と言うでしょう。そこで、さらに、尋ねます。
「そのためには、どうすればいいと思う？」
　自分が悪かったと認めている場合は「謝る」と言うかもしれません。しかし、仲たがいをしてから時間が経っている場合は、それまで、悪口の言い合いやにらみ合いがあったりして、素直になれないかもしれません。どうしてよいかわからないときは、黙るでしょう。そういうときは、教師から提案します。
「話せるようになりたい、という気持ちをえりさんたちに伝えてみたらどう？」
　恐らく同意するはずです。もし、抵抗を示したら、「このまま放っておいて解決するかなあ」と少し考えさせます。冷静に考えれば、話した方がよいと気づくでしょう。「でも、言えない」と自信がない様子だっ

たら、伝え方を一緒に考えます。「大丈夫、きっとうまく言えるよ」と勇気づけることもお忘れなく。

❷ 関係者にまるごとアプローチ

　しおりさんに、気持ちを伝えたい相手すべてを聞き出しておきます。そして、その相手全部に声をかけます。穏やかに、ちょっと悪いけど聞いてくれる？　という態度で呼びかけます。
「ねえ、最近、しおりさんと話をしていないでしょう。そのことについて、しおりさんが話をしたいんだって。しおりさん、直接言いにくいからっていうんで私が代わりに声をかけているんだけど……いいかな。」
　別室に呼びます。そこに、しおりさんを待たせておきます。えりさんを含めしおりさんが話したい全員がそろったら、再度両者にこれで全員か確かめます。全員そろっていないと、いなかった子どもを交えて話し合いのやり直しをしなくてはいけなくなってしまいます。
　そろったら事実の確認です。およそ次のようなやりとりになります。
教　師：2週間くらい前から、あなたたちとしおりさんが話をしなくなったらしいけど、そうなの。
え　り：うん。
教　師：どうしてそうなったのかしおりさんは心当たりがないって言うんだけど、なんでかな。
え　り：しおりちゃんが、みきちゃんとやってる交換ノートに私の悪口を書いた……。
教　師：交換ノートって他の人は見ないんでしょう？　どうしてそのことがわかったの？
え　り：私も、みきちゃんと交換ノートやってて、教えてくれた。
教　師：みきさん、そうなの？
み　き：うん。

教　師：しおりさん、覚えある？

しおり：（しばらくためらって）……うん。

教　師：えりさんが、しおりさんと話をしなくなった理由はわかった。でも、どうしてみきさんたちも、話をしなくなったの。

み　き：えりさんは私の友達なので、友達の悪口を書いてほしくなかった。

こうして、この件について各人のかかわりを明らかにしていきます。「どういうことがあったのか」などの事実、「腹が立った、悲しかった、嫌だった」という感情、すべてを出させます。事実が隠されたり、気持ちを抑えたりしては、後々不満が残ります。「もうない？」「もういいの？」と確認しながらすべて出させます。

このとき、悪口を言ったとか、落書きをしたなどの明白な非がある場合は、「それは、謝った方がいいんじゃないかな？」と謝罪を促します。いやがった場合は、他の子どもに「どう思う？」と聞きます。他の子どもに「謝った方がいい」と言われれば、謝るでしょう。大切なのは、謝罪ではなく、これまで傷つけ合った感情の慰撫です。

雰囲気がよくなってきたら、しおりさんに願いを言わせます。「また、話せるようになりたいんだけど、いい？」などと言うでしょう。不満が残っていなければ、うなずくはずです。

しかし、ここで終わりにしてはいけません。

❸ 交換ノートの約束

このトラブルは、交換ノートについて考えさせる絶好のチャンスです。同じようなトラブルを起こさないために、約束をつくらせます。

「みなさん、今回のことは、交換ノートの悪口から始まったことだよね。それで嫌な思いをしたでしょう。今後同じようなことが起こったら、嫌でしょう？　今回は、たまたまＡさんとＢさんのノートから始まったわけ

だけど、いつみなさんのノートに同じことが起こるかわからないよね。だから、交換ノートについて約束をつくったらどうですか。」
　子どもは反対しないでしょう。今回のことで懲りているはずです。このとき、「交換ノート」をやめるという決定がなされたら教師としては安心ですが、そうはなりません。大好きな交換ノートをやめるというわけがないからです。それに、禁止になったところで、別な情報交換の方法を考えるだけです。だから、交換ノートは危険だけど、その危険性を知った上で、約束をつくらせて実施させた方が、教育的だと思います。「悪口は書かない」などの約束がつくられるでしょう。
　約束がつくられたら、ときどき、関係者に声をかけ、「どう？　約束は守られている？」と確かめましょう。約束は、つくることより、維持する方がずっと大変ですが、大切な作業なので怠らないようにします。

くつかくし

事例 4

　くるみさんのくつがかくされました。5年生のときから数えて7回目だそうです。心配しているのは、女子数人。他の子どもは何事もなかったかのように過ごしています。
　くつかくしは、学年男女関係なく見られる現象です。
　高学年女子の場合は、そのほとんどの場合、クラス内の人間関係のもつれが背景にあります。1対1の場合もあれば、組織的に行われている場合もあります。女子のくつがなくなった場合は、クラスの人間関係の問題ととらえて対処した方がよいでしょう。

処方箋

❶ 安心させる

　朝、子どもが「先生、くるみさんのくつがありません」と報告に来たら、まず、くつを隠されたくるみさんを安心させます。「大丈夫、みんなで探せばきっと見つかるから」とにっこり笑って、落ち着かせます。全員が教室にいるとは限らないので近くにいる子どもと、玄関の周りを一通り探します。偶然くつ箱から落ちてしまうこともあるからです。隠されたのか偶然か見極めます。隠されたと判断したら、次のことをします。

❷ 教師の姿勢を示す

　こうした嫌がらせには「悪意」があります。放っておくと、いじめを許す風土をクラスにつくってしまうことになります。だから、担任が気づいた以上は、そこは「勝負の日」と決めて、徹底して事実と戦う姿勢を示します。

　くつかくしには２つの目的があると考えられます。１つ目は、相手に対する嫌がらせのため。２つ目は、教師や他の子どもの反応をみるため。特に担任が代わったばかりで起こった場合は、「今度の先生はどんな対応をするのだろう」と教師を試すような目的もあります。ここで「甘い」と思われたら、こうした嫌がらせが蔓延する可能性を高めてしまいます。

　子どもが全員そろったら、きっぱりと言います。声のトーンを落とし、毅然と語ります。このときに「くつかくしだと思うけど、みんなどう思う？」なんて子どもの気持ちを聞こうと思わないでください。ここは教師の勢いでぐいぐい押す場面です。圧倒的迫力を見せてください。

　「今朝、くるみさんのくつがなくなりました。状況から考えて誰かがいたずらしたと思われます。６年○組のくるみさんのくつがなくなったということは、このクラス全体の問題です。これは、悪質な嫌がらせです。いじめです。こうしたいじめのあるクラスで私は授業をするつもりはありません。全員でくるみさんのくつを探しなさい。」

　といって、全員で探しに行きます。もちろん、教師も一緒に探します。初期段階であれば、必ず見つかります。隠した子どもがいるわけですから。また、子どもは、隠せそうな場所を実によく知っています。ですから、ものの数分で見つかります。

❸ 感謝の気持ちを示す

　くるみさんには「見つかってよかったねぇ」といって一緒に喜びます。子どもが教室に戻ってから全員に向かって「みんなのおかげで、くるみさんのくつが見つかりました。ありがとう」と心から感謝の気持ちを示します。また、「くるみさんのくつを、本気になって探してくれる人がたくさんいて、私はとてもうれしかったです」と教師の肯定的な感情をしっかり伝えてください。
　教室を出る前の厳しい表情と、感謝の気持ちや喜びを伝える表情の変化が大きければ大きいほど効果が大きくなります。

❹ つながりを教える

　通常のクラスであるならば、上記までで終了しても効果十分ですが、荒れているクラスや昨年からくつかくしのような嫌がらせが頻発しているクラスでは、ダメ押しの指導をします。
　❸の後、表情を再び引き締め直し、こう言います。
「この学校はいじめを許しません。校長先生は、学校づくりの方針で、はっきりとそうおっしゃいました。また、あなたたちの親も普段は口にしないかもしれないけど、いじめを許さないでしょう。これだけ全国あちこちでいじめで事件が起こっているのだから、いじめを許す人なんていません。
　あなたたちがいじめをしたとわかったら、おうちの人はどう思うでしょう。親戚の人はどう思うでしょう。もし、いじめをしたということであなたのことが新聞に出たら、地域の人はどう思うでしょう。新聞に未成年の名前はでません。でも、誰がやったかなんて、隠し通せるものではありません。すぐに知れ渡ります。新聞に出れば、地域だけではすみ

ませんね。お父さん、お母さんの仕事場にも知られるでしょう。兄弟の学校にだって知られるでしょう。お兄さん、お姉さん、弟、妹、どんな気持ちで生きていくことになるのでしょうね……。私は、みなさんをそんな目に遭わせたくありません。」

とかくトラブルをかかえる子どもは、トラブルの当事者しか見えなくなってしまいがちです。しかし、自分も相手も社会とつながって生きていることを教えます。その社会の中で、いじめをしたらどうなるかを知らせます。ここでも、教師の迫力が必要です。いじめを許さないという、強い信念が迫力を生みます。

最後に次のようにしてしめくくります。
「嫌がらせやいじめのないクラスにしたい人？」
挙手をさせます。おそらく全員が手を挙げます。数人挙げなくてもよいのです。クラスのあり方を確認することが大事です。「みんなでそういうクラスにしようね」と短く言って終わりです。

❺ アフターケア

くつが見つかり、それをゆるさないというクラスの姿勢を知っても、かくされた子どもに大きな不安が残っているかもしれません。帰ってから家族にそれを話し、保護者も不安になることがあります。だから、子どもの様子を見て、不安が大きい場合は、家庭にも事実と指導の様子、これから継続的に見守るから安心してほしいなどの願いを伝えた方がよいでしょう。

こうしたトラブルでも、誠意をもって対応すれば、かえって保護者や子どもとの絆を強めることになります。

感情的になって相手を罵倒

事例 5

　ある日、さやかさんがクラスの中心的な存在のちなみさんと同じ服を着てきました。もともとさやかさんをあまり快く思っていなかったちなみさんは、それを見て、さやかさんを思い切り罵倒しました。「バカじゃない、同じ服着てぇ！あーやだ！こんな服捨てよう！」その他にもさやかさんを罵る言葉の数々を並べ立てました。さやかさんは、次の日の朝、登校をしぶりましたが、母親の説得で何とか学校に来ました。心配したさやかさんのお母さんは、担任に連絡帳でそのことを訴えました。
　高学年の女子にとってファッションは重要な関心事。関心が強いだけに、怒りの表現も過激になります。服装のことをきっかけに一時的に感情を爆発させ、他の子どもを傷つけてしまった事例です。

処方箋

❶「共感」と「問いつめない」態度で

　まず、個別に事情を聞くことから始めます。
　保護者から訴えがあったりするとどうしても「された側」に感情移入しがちですが、あくまでも冷静に事実を確認します。「された側」には、傷ついた感情を理解しながら、「した側」には、問いつめる調子にならないように事実を聞き出します。どちらが「悪い」かは、全部聞いてから判断すればよいことです。

別室に「された側」のさやかさんを呼びます。
教　　師：連絡帳、読んだよ。大変だったね……。どんなことがあった
　　　　　の？　教えてくれない？
さやか：昨日、私、ちなみさんと同じ服着ていて、掃除が始まる前に、
　　　　　ちなみさんが、いきなり「この服捨てよう〜」とか言ってきて。
「そうなんだ、つらかったでしょう」と共感しながら聞きます。最後には、「つらいのに言ってくれてありがとう」とつらい体験を訴えてくれたことに感謝の気持ちを示します。
　次に、「した側」のちなみさんを、別室に呼びます。このとき、さやかさんは教室に返しておきます。
教　　師：昨日の掃除の始まる前に、さやかさんとどんなことがあったか
　　　　　教えてくれる？
ちなみ：え？　特に何もありませんけど。
教　　師：そう？　さっきさやかさんから、あなたに悪口みたいなことを
　　　　　言われたって聞いたんだけど。
ちなみ：悪口？　えー、覚えていない。
教　　師：そうか。でも、ちょっと言ったこと思い出してみて。
　認める子どももいれば、ちなみさんのように忘れたのか認めたくないのか、なかなか認めない子どももいます。教師の口調や態度がその子どもを責める雰囲気があると、態度を硬化させるので、責めないように気をつけます。ちなみさんは、自分で口調がきついことを自覚している子どもだったので、徐々に核心に迫るようにして、次のように言いました。
教　　師：服装のこと。覚えてない？
ちなみ：服？　あ、言ったかも。
教　　師：どんなことを言ったの？
ちなみ：同じ服着てるぅ、とか。
教　　師：ちなみさんさあ、自分の言い方がきついって、普段言ってるでしょう。どう、昨日も、ちょっときつい言い方しちゃったんじ

ゃないかな？」
　ちなみさんは、この後、突然、涙を流し始め、さやかさんに言ったことを話し始めました。
　話の聞き出し方のポイントは、
"〜じゃないかな？"
というふうに、断定的に言わず、子どもの気持ちを確かめながら進めることです。教師が急いで断定的に進めると、家に帰ってから「先生が勝手に決めた」と保護者に伝え、新たなトラブルになってしまうことがあります。
　最後に、ちなみさんに、「自分のしたことどう思う？」と聞くと、「悪いことをした」と言いました。それで、「ちなみさんにお願いがあります。さやかさんは、今日、学校に来たくないと思うくらい不安に思っています。だから、安心させてあげてね。これは、あなたにしかできないことだから」と頼みました。すると、彼女は、涙を流しながらうなずきました。

❷ 自分の言葉で伝えさせる

　泣いていたりすると、教師が当事者の気持ちを代弁することがあります。しかし、自分の気持ちを自分で伝えるのはトラブル解決に重要な態度です。こういう機会は、そうした態度を鍛える貴重な機会です。また、代弁することは、子どもに依頼心を植えつけることになり、自分の問題を自分で解決しようという意欲を減退させます。だから、自分の気持ちや要望は自分で伝えさせます。
　おとなしいタイプのさやかさんは、自分の気持ちを伝えるのが苦手です。でも、これは、さやかさんの身にふりかかったことなので、さやかさんに言わせます。ちなみさんをその場に待たせ、さやかさんを呼びに行きました。廊下で、「自分で気持ちを伝えようね、きっとできるから

ね」と励ましました。

　さやかさんは、小さい声ですがはっきりと「私のこと、嫌いだったらいいんだけど、もし、嫌いじゃなかったら、仲良くして」と言いました。それを聞くと、再び、ちなみさんは激しく涙を流し始め、なかなか言葉が出ませんでしたが、やがて、落ち着くと「昨日、ひどいこと言って、ごめんね。仲良くしてね」とやっとのことで言いました。その言葉を聞いたとたん、硬かったさやかさんの表情が軟らかくなりました。

❸ 保護者への連絡

　保護者からの連絡があったものに関しては、保護者へきちんと報告しなくてはいけません。さやかさんには、口答でお母さんに伝えるように言いました。また、連絡帳にも指導の経緯を書いて知らせました。電話で、心配をかけてしまったことを謝罪しました。保護者の様子が、強い不安を感じていたり、感情的になっている場合は、家庭訪問も実施した方がよいでしょう。

　次の日、さやかさんの母親から、お礼のメッセージが届きました。

　低学年の頃にも、この２人の間にはトラブルがあり、さやかさんのお母さんは、２人のことをとても気にかけていたということです。この一件は、２人のよい関係を築くきっかけになったようです。

　時々、さやかさんには、声をかけるようにしています。
「どう、ちなみさんとはうまくいってる？」
　すると、さやかさんは、はにかんだ笑顔で、うなずいてくれます。

　こうした指導をしたら、そのままにしないで、時々フォローアップの声かけをするのも大切なことです。

友達を独占したい

事例 6

あゆみさんとゆきさんは、3、4年生からの仲良し。家も同じアパートにあり、登下校も一緒。しかし、5年生の半ば頃から、ゆきさんは5年生になって同じクラスになったりえさんと仲良くなった。あゆみさんとゆきさんが一緒にいる時間は減ったが、しばらくはよい関係だった。しかし、いつの間にか、あゆみさんとゆきさんは学校で話すこともなくなり、毎日一緒だった登下校も、別々にするようになった。友達の少なかったあゆみさんは、教室で独りぽつりといるようになった。そこで、ゆきさんに話を聞いてみると、りえさんに「あまり、あゆみちゃんと仲良くしないで」と言われたという。

女子によく見られる「友達を独占したい」気持ち。それが大きくなりすぎると、こうしたトラブルが起こります。

処方箋

❶ 一人ひとりの願いを明らかに

こうしたケースは、ある程度限定された人間関係の中で起こっていることなので、まず、一人ひとりに話を聞きます。

ゆきさんは、あゆみさんとも前から仲良しだったから、仲良くしたい。でも、りえさんに「あゆみさんと仲良くしないで」と言われたことに続き、最近では、「あゆみさんと話をしないで」と言われたといいます。新しい友達も求めていたゆきさんは、次第に、りえさんの言いなりにな

っていったということです。しかし、仲のよかったあゆみさんと話をしないのは、大変苦しかったらしく、涙をぽろぽろ流しながら思いを語りました。

　そこで、尋ねます。
「ゆきさんは、どうしたいの？」
　ゆきさんの願う姿を明らかにします。ゆきさんは「あゆみさんともりえさんとも仲良くなりたい」と言いました。「そのためには、どうしたらいいと思う？」と聞くと、「２人に気持ちを話す」と言いましたので、後で、２人と会うことにしました。話す内容は、自分で決められるというので、任せました。

　次は、あゆみさん。あゆみさんに「この頃、ゆきさんと一緒にいなくなったようだけど、何かあったの？」と聞きました。あゆみさんは、「この頃、ゆきちゃんはりえちゃんと仲良くなって、あたしと話してくれなくなった」と答えました。それで「どう思っているの？」と聞くと、「寂しい」とぽつりと言いました。やはり、あゆみさんにも、「どうなりたいの？」「どうしたらいいと思う？」と尋ね、願いとそのための行動を明らかにして、話をする約束をします。

　ここまで聞くと、教師も状況が大体見えてきます。そこで、原因となっているりえさんに話を聞きます。

教　師：ねえ、りえさん、最近ゆきさんと仲いいでしょう。
り　え：（うなずく。）
教　師：友達になれてよかったね。ところでさ、今まで仲のよかったゆきさんとあゆみさんが、あんまり一緒にいなくなったの、わかる？
り　え：（ためらいながらもうなずく。）
教　師：ちょっと、心配になって、ゆきさんに話をきいたら、りえさんに「あんまりあゆみさんと仲良くしないで」っていうようなことを言われたらしいんだけど、覚えている？

り え：（黙っている。）
教　師：それっぽいこと、ゆきさんに、言っちゃったぁ？
り え：（ゆっくりうなずく。）
教　師：ゆきさんさあ、あなた（りえさん）のこともとても大事だし、あゆみさんのことも気になるし、とても悩んで、ぽろぽろ涙流していたよ。今も、そう（ゆきさんとあゆみさんに仲良くしてほしくないと）思っているわけ？
り え：（首を振って否定する。）

　首を振って否定したことをりえさんの願いと受け止めてよいでしょう。穏やかに話を進めるのがポイントです。教師側に、りえさんを責めようという気持ちがなければ、りえさんは、自分の誤りに気づき、素直に認めるはずです。教師が、非を正そうと構えると、非難する口調になり、子どもは防衛的になります。この例では、りえさんは一言もしゃべっていません。まずいことをしたと思っているのですから、言えないのも当然です。悪いことをしたと思っているりえさんにくどくどとお説教の必要はないでしょう。

　そこで、りえさんに言います。
「お願いがあるんだけど。ゆきさんはとても苦しんでいるので、安心させてあげて。それができるのはりえさんだけだと思うけど」
　りえさんは、やっと少し明るい顔になってうなずきました。そして、教師とりえさんで、どうやったらゆきさんが安心するか、考えました。

❷ 願いを出し合う

　りえさんとゆきさんをまず話させます。あゆみさんには、部屋の外で待っていてもらいます。ゆきさんが話し始めました。

ゆ　き：りえちゃんも知っていると思うけど、私はあゆみちゃんと仲良かったんだけど、りえちゃんに言われて、あゆみちゃんと話さなくなったのね。……でも、やっぱり、あゆみちゃんと話ができなくなるのは……（泣いて中断）……あゆみちゃんとも仲良くしたいんだけど、いいかな。

り　え：……うん。

　不安そうに切り出したゆきさんですが、りえさんがうなずくのを見て安心したようでした。りえさんは、ここで「みんなで仲良くしようね、ごめんね」というつもりだったのですが、ゆきさんの涙を見て、言えなくなってしまいました。

　次に、外で待っているあゆみさんを呼んで、事情を説明しました。あゆみさんも安心したようでした。

　低中学年なら、ここで終わりです。しかし、高学年女子の場合は、ここでもう１つやることがあります。この３人の誰かと行動をともにしているような仲良しの子どもがいれば、彼女にも同席してもらいます。いつもそばにいるのだから、この件を知らないわけがありません。「仲のいいあなたにも聞いていてほしいから来てくれる？」と声をかけておきます。

　あゆみさんの後で、部屋に来てもらって、やはり事情を話します。低中学年だったら当事者だけで十分ですが、高学年の女子の場合は、仲良しは強く結びついているので、こういう話はオープンにしておいた方が、何かと都合がよいのです。

　その後、この４人は、文化祭を一緒にまわる約束をして、当日は楽しんだようです。

悩みごと相談から発生する対立

事例7

　高学年になると友達同士悩みごと相談などもするようになります。悩みを聞いているうちはよいのですが、やがて相談者と聞き手が、「悩みのタネ」の人物の悪口を言い始めることも。悪口は、２人の結束を強め、「悩みのタネ」の人物への攻撃的な態度に出てしまうこともあります。また、聞き手の中には「そういえば、○○さんがあなたの悪口を言っていたよ」などと余計な情報を与える子どももいて、騒ぎを大きくする場合もあります。

　最近仲良くなり始めたくみこさんとまりなさんが、かおるさんに距離をおき始めた。気になってかおるさんに聞いてみると、数日前から２人で自分を無視するようになったとのこと。かおるさんに、「どうしたい？」と聞くと、「２人に気持ちを聞いてみたい」という。

処方箋

❶ ぐいぐい引っ張らない－当事者へのアプローチ

（1）無視された側

　かおるさんの話をじっくり聞きます。こうしたトラブルは、かおるさんにも原因がある場合もあります。しかし、今はそれを探るときではありません。何が起こっているのかを知るときです。

教　師：ねえ、かおるさん。最近、くみこさん、まりなさんとうまくい

1章 人間関係トラブルの処方箋 …… 47

　　　　　ってないように見えるんだけど、何かあったの？　よかったら
　　　　　聞かせてくれる？
かおる：（ためらいながら）うーん……最近、無視される。
教　師：どんなふうに？
かおる：朝会っても、前は、おはようとか言ってくれたのに、最近は、
　　　　　すーっと通り過ぎる。
教　師：そうなの？　気になるねえ。何か心当たりあるの？
かおる：（首をふって否定する。）
教　師：どうしたい？
かおる：2人に気持ちを聞きたい。
教　師：先生がいた方がいい？　いない方がいい？

　いきなり「じゃあ、2人を呼ぼうか」といって介入しない方がよいのです。女子には女子同士のメンツがあります。教師をすぐに頼ったとわかっては、その子どもの立場を悪くすることもあります。どうしたいか、そして、それに対してどう教師がかかわるかも、子どもに確かめながらかかわり方を決めていきます。また、2人を呼び出すときも、自分で声をかけるか、教師が声をかけるかも相談します。自分で声をかけるのが望ましいですが、自分で声をかけるという子どもは、あまりいません。かおるさんと相談の結果、教師が同席し、教師が2人を呼び出すことにしました。ポイントは、ここまで「かおるさんが主体的に決めたこと」ということです。

(2) 無視している側

　くみこさんとまりなさんに声をかけます。2人には2人の事情があるので、それも理解しておきます。
教　師：ねえ、くみこさん、まりなさん。かおるさんがね。2人に話が
　　　　　あるんだって。なんか最近、かおるさんと君たち2人がうまく
　　　　　いってないみたいなので、昨日かおるさんに声をかけて話を聞

いたんだ。そしたら2人に気持ちを聞きたいって。……何かあったの？
くみこ：前私が、算数の時間に問題間違ったら、「バカじゃない」って言われて……それがイヤで、何となく話さなくなった。
教　師：なるほどね。まりなさんは？
まりな：私は、かおるさんに塾の宿題をやらされたりしてイヤだった。
教　師：それで、話が合ったんだ。
まりな：放課後2人で話してて……。

　まりなさんはもともとかおるさんのわがままなふるまいを快く思っていなかったようです。くみこさんは、かおるさんを無視していることに少し迷いがあるようです。くみこさんは自分の悩みをまりなさんに相談するうちに、話が盛り上がってしまいました。2人は、無視をしようと約束をしたわけではないけれども、相手の手前、かおるさんとは話をしなくなったようです。

教　師：それで、あなたたちはどうしたいの？
くみこ：話せるようになりたい。
教　師：まりなさんは？
まりな：もとみたいに話せるようになれたらいい。
教　師：じゃあさ、話ができなくなったきっかけも含めてかおるさんに伝えたら？

　2人は、即座にうなずきました。
　いったん無視のような行動を始めると、自分たちの力ではどうにもならなくなることがあります。しかし、それは当事者にとって決して気持ちのよい状態ではなく、できるなら抜け出したいと思っています。だから、教師はそのきっかけづくりをすればよいのです。
　3人は教師の立ち会いのもと、気持ちを言いました。3人の気持ちは、「もとのように話せるようになりたい」ということで一致しました。「どうしたらもとのように話せるようになるの？」と聞くと、かおるさんが

「謝る」と提案しました。すると、あとの2人も賛成し、かおるさんは、「バカじゃない、と言ったこと」「塾のプリントやらせたこと」を謝り、2人は、無視したことを謝りました。

　教師は、「それはいけない」などの注意をしていません。仲直りの仲介をしただけです。女子は、自分の気持ちを全部出させると素直になる場合が多いようです。いきなり話し合わせたり、教師がぐいぐい引っ張って解決しようとしないで、たっぷりと思いを聞くようにしながら解決に向かうのがポイントです。

❷ ナイフになるな！ボンドになれ！ークラスへのアプローチ

　小さなけんかや仲間割れは毎日のように起こります。それが「深刻なもの」に発展するか「ささいなもの」で終わるかは、周りの子どもの行動にかかっています。けんかや仲間割れに強い学級の雰囲気を育てておく必要があります。けんかがあったときに、周りの人間はどういう態度をとるべきかを明確に指導をしておきます。こんな話をします。
「AさんとCさんがけんかしました。AさんがそのことをBさんに打ち明けました。Bさんは、Aさんにこう言いました。『ひどいよねえ、Cさんてむかつくよね』このあと、どういうことが起こると思いますか。」
　子どもは「AさんとBさんでCさんの悪口の言い合いになる」などと言います。
「さらにBさんはこう言いました。『そういえば、前、Cさんがあなたの悪口言っていたよ』このあと、どういうことが起こりますか。」
「さらにCさんに対する悪口がひどくなる」「AさんとCさんのけんかになる」「Bさんへのいじめが始まる」などのことを言うでしょう。
　ここのやりとりは急がず、じっくり子どもに考えさせ、いろいろな可能性を言わせる方が効果的です。
「普段これに似たようなことはありませんか。」

と問いかけます。しかし、発言させる必要はありません。反応を見るだけで十分です。
「けんかや仲間割れを見たとき、相談されたとき、どうすればいいのでしょう。」
「相手の悪口を言わない」「だまって話を聞いてあげる」「先生に相談したら？　と言う」「相手と話し合ったら、と言う」「大丈夫だよと言って励ます」などのことが出されるでしょう。1つ1つ「とても大事なことだね」と言って受け止めます。それらを紙に書いて教室に掲示しておきます。最後に、
「けんかや仲間割れを見たとき、相談されたときに、それがひどくなるようなことを絶対にしてはいけません。
　人の悪口をいうと盛り上がって楽しくなって大事なことを忘れてしまう人がいます。
　また、告げ口をして、人と人の仲を悪くして、自分の友達にしてしまおうとする人もいます。そういう人になってはいけません。
　そういう人がいるとクラスが壊れていきます。けんかや仲間割れを見たとき、相談されたとき、人と人との関係を断ち切るナイフになってはいけません。人と人との関係をくっつけるボンドになりましょう。『ナイフになるな！ボンドになれ！』です。お願いしますよ。」
　ここでは、毅然とした態度で教師の価値観を示してください。
　当事者へのアプローチでは、「あれはいけない、これはだめだ」という話は、あまりしません。教師と子どもの関係が壊れてしまうからです。しかし、学級全体には、明確に「だめなものはだめ」と言います。こうした価値は、モグラたたきのように1つ1つ教えるよりも、学級全体に共通の価値として提示した方が、高学年にはよく伝わるように思います。

孤立

事例 8

　みどりさんは、クラスではあまり目立たないタイプ。5年生のときは、休憩時間に友達と遊ぶ姿も見られたが、6年生になり、周囲が特定の仲のよい友達を見つけていく中で、どのグループにも入りそびれてしまった。もともと積極的に人間関係を結んでいく方ではないので、休憩時間に独りでぽつんといることが多くなった。特にいじめられているわけではないが、かかわっていく自信がなく、他の子どもから遊びに誘われても身を引いてしまう。

　高学年女子の関係は「群」から「グループ」へ、劇的な変貌を遂げます。その流れに乗れなかった子どもにとっては、侵害的な扱いを受けていなくても、クラスは居づらい場所になってしまいます。

処方箋

❶ 教師との関係づくり

　友人関係よりも、まず、教師との関係づくりです。教師との信頼関係が、孤立しがちな子どもの自信になります。みどりさんにとって、教師は本当に居場所になっているかどうか振り返ります。具体的には、「みどりさんを受け入れているか」「みどりさんの力を発揮させているか」という2点です。

　物静かなみどりさんにはどうしても声かけの量が少なくなっていまし

た。また、あまり自分の意思をはっきり言わない彼女に、教師の言いたいことだけを伝え、彼女の話をじっくり聞かなかったことに気づきました。

(1) 好きなもの探し

そこで、彼女の好きなものを探すことにしました。彼女の持ち物や言動から、キャラクターものを集めたり、そのキャラクターのイラストを描くことが好きだということがわかりました。休憩時間に1人でいる彼女に、話しかけました。筆入れのキャラクターを指さし、「そのキャラクター好きなの？　先生も、そのキャラの鉛筆、持っているよ」と言いながら、あらかじめ購入しておいた鉛筆を見せました。

彼女はうれしそうに笑いました。それから、毎日のようにキャラクターの話をしました。また、「実は、描けるよ」と言って描いて見せたりもしました。やがて、仕事をしていると、ときどき教卓に来てくれるようになりました。何度描いてもうまくならない私のイラストを見て、「私の方がうまく描けるよ」と言って、ノートの隅に描いたものを見せてくれました（あまりうまくならない方が話すきっかけになるようです）。能力を発揮するというと大げさですが、私の前で自分の得意なことを披露してくれるようにはなったわけです。

キャラクターをきっかけにして、それ以外の話もしてくれるようになりました。

(2) 学習場面で活躍できるように

算数の苦手だった彼女は、算数の時間になるとおどおどするような表情をしていました。学習への自信のなさも、人間関係への自信のなさに影響していると思いました。

そこで、計算問題は割とできていたので、彼女が正解していることを確認してから、「列指名」で彼女に答えさせました。自分から手を挙げ

ることのない彼女には、列で指名していくようにしました。また、最初の頃は、授業中に発言することにとても抵抗があったようなので、机間指導のときに、「次の問題あてるよ」とそっと笑顔で教え、不安を少なくするようにしました。

やがて、毎時間というわけではありませんが、週に2回くらいは、自信のあるときは自分から手を挙げる姿も見られました。

❷ 「教師と一緒に遊ぶ」から「教師抜きで遊ぶ」

自分から遊びに入れない子どもでも、「道具」が遊ぶきっかけになることがあります。この学校では、11月になると、トランプなどの遊び道具を持ってきてよいことになっていたので、さっそくみどりさんとトランプを始めました。

すると、他の子どもが「入れて」といって、入ってきます。みどりさんは、トランプが強い方ではありませんでしたが、友達とトランプをすることは喜びました。あやとりも好きだったので、私とみどりさんと数人でのあやとりもしました。みどりさんはあやとりは上手で、「新しい技」を私に教えてくれました。

みどりさんの表情に硬さがとれてきた頃を見計らって、私は途中で抜けるようにしました。「ごめん、今日、これから〇〇先生と打ち合わせ。あと、やっててね」と退席したのです。私抜きでもトランプやあやとりをしていました。

相変わらず、みどりさんには特定の仲良しはできませんでしたが、友達同士で遊ぶ姿が見られるようになりました。

❸ かかわる活動を仕組む

　友達とかかわる活動が多くクラスの中にあれば、当然、子ども同士のかかわりが増えます。孤立する子どもを出さないために、たくさんそうした活動を用意しておくのがよいでしょう。

(1) 全員遊びの日
　伝統的でシンプルな方法です。毎週〇曜日の昼休みは、全員遊びの日と決めて、遊びます。みどりさんのクラスでは、毎週金曜日は「オニごっこ」となっていました。「オニごっこ会社」という係があり、全員に声をかけてくれました。この日はみどりさんも、体育館で汗だくになって走っていました。

(2) 係活動タイム
　係活動は、友達と活動します。こうした時間を時間割に組み込むのです。このクラスでは、水曜日の朝学習（8:15〜8:30）を、係活動タイムとしました。やりたい仕事が一致した者同士で係を編成してあるので、和気あいあいとした時間が朝から訪れます。みどりさんは、教室の飾りを作る係。他の子どもと一緒になって、折り紙を折ったり、イラストを描いたりしていました。

(3) ゲーム「番町皿屋敷」
　授業が早く終わったすきまの時間に、こうした「ミニゲーム」をします。やり方は簡単。グループで机を合わせます。順番を決め、教師の「いちま〜い（できるだけコワい声で）」というかけ声に合わせて、1番の子どもから片方の手を、合わせた机の中央に置きます。「にま〜い」で、2番の子どもが1番の子どもの手の甲に自分の手を重ねます。以下

同じです。全員が両手を重ねたら、次は、一番下の手を引き抜いて、一番上に重ねます。ある数のところで教師は、「パリン！」と言います。そうしたら、一番下に手のある子どもは、手を引き抜き他の子どもの手をたたきます。他の子どもはたたかれないように、一斉に手を引っ込めます。たたかれたら、オニになり、一番下に手を置き、２回戦の始まりです。

　高学年の女子には、強引な友達づくりよりも、友達とかかわれる環境づくりにエネルギーを注いだ方が、効果的です。

男子からのいじめ

事例 9

　ななこさんを担任するようになってから数日後、涙を流している彼女を見かけました。話を聞くと、男子数人に嫌がらせをされたと言います。ななこさんは以前から、男子を中心に嫌がらせやからかいを受けてきたと言います。

　男子から女子へのいじめやからかいには、2種類あるように思います。1つは、好きで関心を引きたくてする「憧れ型」。もう1つは、相手を傷つけるため、おとしめるための「侵害行為型」。前者は、悪質なものが少なく一過性のものが多いので深刻な問題ではありません。しかし、後者は、放っておくとエスカレートし長期化する恐れがあります。ここでは「侵害行為型」を想定しています。

処方箋

❶ それがいじめです－いじめた子どもへ

（1）いじめ差別は許さない

　以下の指導が成り立つための前提として、学級開きの日から3日以内に言っておくことがあります。それは、いじめや差別に対する担任の姿勢です。もし、まだなら今からでもすぐ宣言します。

　「私は、いじめや差別は許しません。殴る蹴るなどの暴力や、悪口、陰口、嫌がらせ、そして人を差別するような言葉、行動は許しません。ものすごく叱ります。いじめや差別とは徹底的に戦います。」

これくらいのことは言っておく必要があります。

（2）それがいじめだと指摘する

　とにかく素早く対応します。いじめの芽を摘むのは早ければ早いほどよいのです。嫌がらせをしたしょうくん、てつやくん、あきらくんを呼び出します。

教　師：昨日、放課後、ななこさんが泣いていました。わけを聞いたら、あなたたちに、「ゴリラ、ゴリラ」と言われたそうですが、間違いないですか。

3　人：（黙ってうなずく。）

教　師：ななこさんが、何かあなたたちにしたの？

しょう：そういうわけじゃ……。

教　師：ななこさんに何か嫌なところがあるの？

しょう：給食のときに口を開けて食べる。

　以下、てつやくん、あきらくんは、「特に理由はない」と言います。ここまでは、比較的穏やかな表情と口調で進めます。しかし、ここから、厳しい表情と口調で言います。

「噛むときに口が開くようだったら閉めるように言えばいいでしょう。それは、ゴリラといっていい理由になりますか！　理由にならない理由で悪口を言う！　ただ何となく悪口を言う！　3人で1人に悪口を言う！　そういうのをいじめというのです！」

　ここは、烈火の如く怒ってよい場面です。たたみかけるように言います。反省する様子が見られたら、
「間違いは、誰にでもあるから、今度はしないことだよ。」
と穏やかに言います。これくらいやっておけば、やんちゃ坊主も二度としないはずです。「いじめや差別を許さない」と言った以上は、その言葉通り行動しなくてはいけません。また、子どもは自分のやっていることがいじめだと分かっていない場合もありますから、具体的に行為を挙

げて「それがいじめだ」と教えるのです。

❷ 自分の言葉で訴えよう－いじめられた子どもへ

　ななこさんは、聞いてみると低中学年の頃から男子を中心にそうした嫌がらせを受けてきたそうです。ななこさんのような子どもは、きちんと訴えようとする意欲をくじかれていることがあります。そのため、泣いて誰かが気づくのを待っていたり、泣き寝入りしたりします。中学進学後も視野に入れて、こういう子どもには、自分の言葉できちんと訴えるという態度を身につけさせることが必要です。

（1）嫌がらせをされたときの約束

　事後にななこさんと約束をします。泣き寝入りしないで、きちんと言葉で訴えにくることを約束しておきます。
「ひとつ約束してほしいんだけど、いいかな。嫌なときは泣いてもいいよ。でも、嫌なことされたら私に言いに来てね。いつでも待っているからね。」
　こう言っておきます。

（2）自分の気持ちを伝えさせる

　事後に、ななこさんと男子3人を対面させます。そして、ななこさんに自分の言葉で気持ちを伝えさせます。
ななこ：あの、昨日、ゴリラ、ゴリラって言われてすごく嫌だったんだけど、やめてくれる？
教　師：（3人に向かって）何か言いたいことある？
3　人：ゴリラって言って済みませんでした。
　しょうくんは、給食の件は言いませんでした。叱られていれば当然かもしれません。3人には、「きちんと謝ってくれてうれしいな」と謝罪したことを認めます。ななこさんには、「きちんと言えたじゃない」と、

その勇気を称えます。

(3) 約束を守ったらほめる

　一カ月後に、ななこさんは、別な子どもに悪口のようなことを言われました。そのときは、「先生、あのさ、聞いてほしいんだけどさ。○○くんがさ、やなこと言う」と自分で言ってきました。相手は1人だったから、そんなに落ち込まなかったのかもしれませんが、約束を守ったので、ほめました。「ちゃんと、約束を守ってくれてありがとう。うれしいよ」というと、彼女は少し誇らしげな顔をしました。

(4) 自分の言葉で訴えさせる

　（2）の応用です。今度は、自分の感じたことを相手に訴えるようにさせます。私が「いた方がいいか」「いなくてもできるか」と聞いたら「いた方がいい」というので、立ち会うことにしました。しかし、教師のところまでは自分で呼んでくるように言いました。

　悪口を言った男の子は、最初うるさそうにしていましたが、私が待っているのを見ると、神妙な顔つきになりました。そして、彼女は言いました。「あのさ、○○くんさあ、さっき私にブスとか言ったでしょ。やめてくんない？」彼は、ばつの悪そうな顔をして、「はい……」と言いました。「また、同じようなことをしたら、私も一言いわなくちゃなあ」と私が付け加えると、「ごめんなさい」と謝りました。

　その後も、何回かこうしたことがありましたが、彼女は泣かなくなりました。彼女が泣くほど深刻な嫌がらせがなくなったと見ることもできますが、彼女が強くなったことは間違いありません。

　それでも、中学校に進学したら、中学校の先生に彼女は支えてもらわなければならないと思います。それでよいのです。彼女は、「泣いて気づいてもらう」と「泣き寝入りする」以外の対応のパターンを獲得したのです。それも、ずっと積極的で効果的な対応のパターンです。

無視されているみたい・にらまれているみたい

事例 10

　ある日の放課後、ゆきえさんがなかなか帰らないので、「どうしたの？」と声をかけると、「なんかおかしいんだよね。無視されているみたい」と言います。話しているうちに、大粒の涙をぽろぽろとこぼし始めました。
　子どもは少しクラスの人間関係がうまくいっていないときや、不安を抱えるときに「無視をされている」とか「にらまれた」と訴えてくることがよくあります。こんなとき子どもの訴えをどのように受け止めたらよいのでしょうか。

処方箋

❶ 受け止める

　子どもが訴えてきたときは、まず、全面的に受け入れることです。受け入れるとは、聞くことです。教師が子どもの話をしっかり聞けば、子どもは教師を信頼します。話を聞くということは、信頼関係をつくる重要なポイントです。

（1）泣かせておく
　涙もろい場合やつらい気持ちをわかってもらいたいと強く思う場合は、泣き始めると、しばらく泣きやまないことがあります。そんなとき

には、泣かせておきます。「大丈夫？」「泣かなくていいんだよ」などと必要以上に慰めたり、優しい言葉をかけたりすると、「泣けば先生は優しくしてくれる」というメッセージを与えることになります。そうすると、泣いて気持ちを訴えようとする態度を身につけさせてしまいかねません。

　また、泣いているときには「いじめられたの？」「それで〜だったの？」とか、教師の働きかけ主導で、事実を聞き出そうとしてしまいがちです。これは危険です。1つ1つのやりとりに教師の解釈が入り込むので、子どもの訴えたいこととまったく違うストーリーをつくってしまうことがあります。

　泣いている間は、話ができませんから、泣き出したら「泣いていいんだよ」と静かにいって、泣きやむのを待ちます。

（2）感情を理解する

　泣きやんだら、「何があったの？」と声をかけ、話を聞きます。子どもは、自分の気持ちをわかってほしいから話をします。それでは、わかってほしい気持ちとは何でしょう。それは、「感情」です。つらかった、悲しかったなどのことです。事実を把握することは大事なことですが、それだけでは不十分です。事実とともに、それに付随する子どもの感情を理解するようにします。

（3）感情を言葉にして返す

　教師が一方的に感情を理解しても、子どもの心はすっきりしません。理解したことを示さなくてはなりません。そのためには、子どもの感情を言葉にして返します。ゆきえさんが話し始めました。

ゆきえ：なんかひとみさんが最近冷たい……。
教　師：そうなんだ。冷たいって、たとえば？
ゆきえ：この前、お祭りでひとみさんと隣のクラスのかすみさんに会っ

たんだけど、ひとみさんはかすみさんとばっかり話して、私に話しかけてくれなかった。
教　師：話しかけてくれなかったんだ。つらかったねえ。
ゆきえ：（うなずく）目も合わせてくれなかった。
教　師：見てもくれなかったの？　それは、気になるねえ。悲しかったの？
ゆきえ：ていうか寂しかった。
教　師：そうか、寂しかったんだ。うーん。

　子どもの感情を言葉にするときも、断定的に言わないことです。自信のないときは、「〜だったの？」と子どもに聞くようにします。子どもに確かめたら、子どもの言葉でいい直せばよいのです。

（4）態度を一致させる

　言葉だけでは理解していることは伝わりません。聞いているよ、理解しているよ、ということを態度で示す必要があります。これができていないと、（3）はまったく意味をなしません。子どもに体を向け、表情と口調も、話の内容に合ったものにします。

❷ 見守ることも選択肢に入れて

　話を聞いたら、今後の行動を検討します。ゆきえさんに「それで、どうしたい？」と聞きます。話すことで精いっぱいになっている場合が多く、きちんと答えられる子どもはそんなにいません。だから、次のように言います。
「どうする？　そのことをひとみさんに伝えてみる？　それとも、もうしばらく様子を見る？」
　高学年女子の場合は、先生に何かをしてもらいたいというよりも、先生に取り合えず話を聞いてもらいたいと願っている子どもが多いようで

す。実際に教師が介入して問題を大きくしてしまうこともよくあることです。何でもかんでも「解決してやろう」と思わず、見守ることも自分の指導のレパートリーに入れておいた方がよいでしょう。

　ゆきえさんは、「しばらく様子を見る」ことを選びました。あれだけ泣いていたのに、話し終わると明るい表情になっていました。自分のつらい気持ちを吐き出してすっきりしたのかもしれません。

　しかし、「見守る」ことと「放任」することは違います。「見守る」ということは、関心をもって様子をみる、ということです。でも、いくら教師が関心をもっていても、そのことを子どもが認識していなければ、子どもにとって「放任」と同じ事です。だから、関心をもっていることを、子どもに伝えなければなりません。次のように言っておきます。
「わかった。話してくれてありがとうね。もし、また、つらくなったり、話したくなったらいつでもおいで、待っているから。私にできることがあったら、何でも言ってね。」

　自分を理解し支えてくれる人がいるとわかるだけで、子どもは勇気づけられることもあります。教師は、子どもを思うあまり、「何かしないと」と躍起になってしまいがちですが、そうした必要以上の積極性が、高学年女子には疎まれることがあります。見守ることも、とても重要な「行動」だと思うのです。

　数日後、ゆきえさんは笑顔で報告に来ました。「先生、あの話なんだけど……私から話しかけたら、普通に話してくれた」とうれしそうでした。

メール、チャットのやりとりからけんか

事例 11

　みきさんとさやかさんは、6年生になって急速に仲良くなりました。休み時間も一緒。教室の移動やトイレに一緒に行くのもよく見かけました。しかし、ある日を境にして突然一緒にいなくなりました。気になって放課後1人でいたみきさんに話を聞くと、「メールでけんかした」と言います。さやかさんの書いた文面に腹を立てながらも、仲直りしたいとも思っているようです。

　ある調べ（平成15年11・12月日本PTA全国協議会調査）によると、小中学生の60～70％が家庭でコンピュータを使える状況にあります。また、小学生の携帯電話の保有率も増加中です。防犯上の理由からでしょうか、小学生の携帯電話の所持は女子の方が多いようです。メールやチャットのやりとりからこうしたトラブルがこれから増えるだろうと予想されます。

処方箋

❶ 客観的にながめさせる－けんかした二人へ

（1）まず、仲直り

　気づいたらすぐに話を聞きます。学校でコミュニケーションを断っていてもネット上で悪口の言い合いを続けている可能性があります。よくいわれるようにネット上のやりとりは「暴走」するので、すぐにやめさせなくてなりません。

みきさんとさやかさんはけんかしながらも、お互いになくてはならない存在なので、片方が態度を軟化させれば、もう一方も同様に態度を和らげます。この場合、2人を呼んで、みきさんからさやかさんに気持ちを伝えさせます。しかし、どぎついやりとりをしている場合は、お互い謝ったからといって気持ちがすっきりするとは限りません。また、同じことを繰り返さないために以下のことをします。

(2) 発言をふり返らせる
　携帯電話でのやりとりだったら、携帯電話を持ってきてもらって「送信済みメール」のリストを見ながら会話を紙に書き出します。チャットだったら、学校でそのサイトを見ながらでもよいでしょう。でも、2人が生のやりとりを教師に見られるのを嫌がったら、お互いの記憶をすり合わせながら、1枚の紙にやりとりを書き出していきます（あまりにも膨大な場合は、一部分にします）。

(3) 文字によるコミュニケーションの特殊性を伝える
　たとえば、次のような文面が書き出されたとします。
み　き：ジョー様（みきさんが気に入ってる物語中のキャラクター）ってサイコー！
さやか：えええー？　ジョーってキモい〜。
み　き：それって、ヒドくない？
さやか：だって、顔がハチュウルイみたいだし、技もイマイチ。ジョーが好きだっていう人の気持ちが信じらんない。
み　き：そんなにきつく言わなくていいじゃん。
さやか：え？　別にきつくないでしょ。
み　き：バカにしているよ。
さやか：バカにしてるなんて、ヒドイ、ヒドイ。
み　き：ひどいのはそっちでしょ。ムカつくんだけど。

これを言葉に出してお互いの顔を見ながら、言わせます。不思議そうな顔をしたり、笑い出したりするでしょう。「お互い顔を見ながら同じことを言ったらどうだった？」と聞きます。すると、あんまり腹が立たないことに気がつきます。そこで、
「人は、話をするときは言葉だけでなく、表情や声の調子でもたくさんメッセージを伝え合っているんだよ。途中で２人とも笑ったよね。そういう笑顔や楽しそうな声が、多少の言葉のきつさも和らげてくれるんだよ。でも、文字だけだとそういう大事なところが伝わらないから、今回のようなことになっちゃうんだよ。手紙を書くときなどは慎重に言葉を選んだり、最初にあいさつ文を入れたりして、相手に失礼のないようにしているんだよ。」
　このように話し、文字だけによるやりとりが特殊なコミュニケーション手段だということを伝えます。

(4) 「会話」の書き換え

　次に、相手を傷つけないコミュニケーションの練習をします。そのために、自分たちのやりとりの書き換えをします。
「自分たちのやりとりを見て、ここをこう書き換えたら、けんかにならなかったなあというふうに換えてごらん。」
　２人が適切な言い方を見つけたときは「あ、それいいねー」などと言いながらほめます。思いつかないときは、教師がアドバイスします。
さやか：キモいって、やっぱりまずいね。先生、どうすればいいの？
教　師：さやかさんは、「ジョー様」を「サイコー」って思っていないのはそれはそれでいいんだけど、「サイコー」って思っているみきさんの気持ちを大事にして書けばいいんじゃない？
さやか：うーん。じゃあ、ジョーってイマイチ。
み　き：「キモい」よりいいかな。でもー。
教　師：そういうときは「へー、そうなんだ。わたしは、そう思わな

ったなあ。」って感じがいいかもね。
さやか：ふーん。
み　き：それなら、いいかも。さやかちゃんは何がいい？　って聞きた
　　　　くなる。

　そして、書き換えた物を、2人で読み合います。一緒に作業をすることでコミュニケーションが復活するので、会話の書き換えが終わる頃には、すっかり仲直りしていることでしょう。

(5) ルールづくり
　メールやチャットを禁止すれば教師としては安心ですが、いつまでも守られるとは思いません。これからの時代には、電子メディアを使う上でのルールを考えさせた方が重要です。
「同じようなことにならないためにルールをつくっておいたらどう？」
と投げかけます。一度痛い思いをしていますから、同意します。「悪口は書かない」「心配になったら、直接気持ちを確かめる」「なるべく学校で話す」などのことがルールになるでしょう。決まったら、ときどき「うまくいってる？」と声をかけて目を配ることをお忘れなく。

❷ ルールを教える－学級全体へ

　以下のような電子メディアの使用上の注意を積極的に、学級指導しておくのが大切です。

(1) 文字によるコミュニケーションの特殊性を教える
　みきさんとさやかさんに話したようなことを全員に言います。2人のネット上の会話のような例文を具体的に提示して話すと効果的。

(2) 悪口を書かない

特殊なコミュニケーションだから「暴走」する可能性があるので、絶対に人の悪口は書いてはいけないことを伝えます。

(3) IDパスワードを絶対に教えない

ホームページを作成する際に使うIDは「自分の家の鍵と同じです。どんな親友でも家の鍵を預けないでしょう」と言って、IDは知らせるものではないことを教えます。

第2章

グループ化への処方箋

高学年担任を悩ませる
女子のグループ化
何かとトラブルのもとになるグループに
どう対応するか

【好ましくない例】

1 ワイワイ キャッキャッ	2 君たち いつも いっしょだね
3 他の人達とも遊んだら？	4 わたしたち なんか 悪いこと した？　あの先生、イヤミだよね！

- グループ化するとき
- グループ対立①　初期の対応
- グループ対立②　解決のための話し合い
- 集団で教師に反抗
- グループの仲間はずしが学級全体へ蔓延①
- グループの仲間はずしが学級全体へ蔓延②

【好ましい例】

1　ワイワイ キャッキャッ

2　あ、これ3人で配ってくれる？

3　ありがとう、またお願いね

4　は〜い！

グループ化するとき

事例 12

　仲がいいなあと思ってた女子数人が、ある日気づくと休み時間にはいつも一緒に過ごすようになっていた。下校するのも一緒、トレイに行くのも一緒。提出物も一緒に出す、そのうち、持ち物や服装まで同じような物を持っていたり、身につけたり。まるで、自分たち以外の者は存在しないかのようにふるまう。他の子どもたちのことを嫌ったり、敵意をもっているかというとそうでもない。仲良しのメンバーで過ごすことが楽しくて仕方がないといった様子。

　落ち着いて教室を見回すと、そうした「グループ」が女子の中にいくつもできていた。みんなで和気あいあいとやってきたのに、どうしてこんなことになっちゃったんだろうと、少なからずショックを受けたことはありませんか。

　ここでは、女子の間にグループができ始めた比較的「グループ化初期」の段階の対応を示します。

処方箋

❶ 否定しない

　早いクラスでは、5年生の1学期くらいからその兆候が見られます。遅くとも5年生の3学期くらいにはゆるやかにグループが形成されるようです。これは、高学年の女子にとって、ごく自然なことなので、グループの存在を否定しないことです。

無理に、解消させようとしたり、「いつも一緒にいるもんじゃありませんよ」と小言や嫌みを言ったりすることは、グループの結束を高めるだけです。特に、先生が若い男性の先生だったりすると、こうした発言には、「過剰反応」する可能性があります。グループは、彼女たちの居場所ですから、居場所を否定された場合はそれを守るために一気に、教師への反抗が行われることになります。

　グループが、他者を排斥するような具体的行動に出たり、規則違反をしたりしていないのなら、「静観すれども放任せず」の態度で見守ることがよいでしょう。

　「いつも仲がいいんだね」「仲良しなのはすてきだね」なんて、声をかけたくなってしまうこともあるかもしれません。しかし、教師との信頼関係ができていないと、それはグループに対する「挑戦」や「挑発」と受け取られてしまいますから、「静観」する方がよいのです。

❷ 交流を促す活動を仕組む

　静観するからといって、何もしないのはだめです。

　グループ化をそのままにしておくと、やがて彼女たちは、そのグループ内だけですべての物事を考えがちになってしまいます。清掃場所を決めたり、係活動の役割分担を決めたりするときに、グループのメンバーの都合だけを考えるようになります。たとえば、清掃の仕事分担をするときに、「私たちほうきね」と、自分たちでさっさと気に入った仕事を選択し、他の子どものことはお構いなし、といった姿も見られることがあります。

　そうした態度は、やがて他の子どもの不満を高めることになり、クラスの人間関係がぎくしゃくしてきます。ときには、自己中心的態度が「暴走」し、他の子どもを排斥するなどのいじめに発展することもあるでしょう。だから、そうならないようにグループの存在を肯定しながら

も、閉鎖的にならないように他の子どもと「開いた関係」になるようにしておきます。

　そのためには、グループ外の子どもと交流する活動をできるだけ多く仕組みます。次に示すものは、例に過ぎません。先生の得意なものを、定期的に実施するとよいでしょう。

（1）ナンバーゲーム

　自由なグループづくりをするときに多用します。グループができたら素早く座らせます。「素早く組めるクラスがすばらしい」などと声をかけ、誰とでも組める雰囲気づくりを普段からしておきます。

＜やり方＞
① 教師の「せーの」のかけ声で、1回拍手をする。
② 次の「せーの」で、2回拍手をする。
③ 以下、「せーの」のたびに、拍手を増やしていく。
④ 何回目かに教師は、拍手の後に「集まれ！」と声をかけ、子どもは拍手の数の人数で集まる。

（2）何でもバスケット

　「フルーツバスケット」の応用です。大勢でわいわいと遊ぶよさを高学年だからこそたくさん体験させます。グループもよいけれども、こうしたかかわりもよいものだと常に示し続けます。

＜やり方＞
① 椅子だけで輪になり、オニを1人決める。
② オニは、「今日朝ご飯を食べた人！」などの声をかける。該当する者は、席を移動する。
③ オニが「何でもバスケット！」といったら全員が移動する。
④ 座れなかったら、罰ゲーム。罰ゲームは「俳句を一句」など、手間がかからず時間をとらないものがよい。

(3) ハッピーレター

グループ内だけでかかわりがちの子どもに、グループ以外の子どもにも関心をもたせるようにします。かなり喜びます。こうした経験の少ないクラスの場合は、お昼休みくらいに「書けた？」と記述状況を確認し、書けていない子どもにアドバイスをするとよいでしょう。

＜やり方＞
① 葉書の半分くらいの紙に子どもの名前のゴム印を押して（1枚に1人分）、朝の会にランダムに配る。
② 子どもは、紙に示された名前の人物を1日観察して、その子どものよかったところを探して記録する。
③ 帰りの会に、名前の人物に紙を渡す。

❸ 協力的態度に注目する

グループで固まっていると、それだけで教師は「悪いこと」だととらえがちです。しかし、こうしたグループは、悪いことも一緒にやりますが、よいことも一緒にやります。そんなときには「ありがとう」と声をかけることを忘れないようにしたいものです。

たとえば、私のクラスですと配り物があると、仲良しの4人が、「先生、『私たち』が配ろうか？」と言ってくれます。すると、私は「あー、ありがとう」とにっこりします。別のグループが、「先生、『私たち』で金魚飼っていい？」と言ってきます。すると、「じゃ、そういう係をつくってみんなにも呼びかけるといいねえ」と答えます。彼女たちは、朝の会で「飼育係」をつくったとみんなに連絡し、メンバーを募集しました。

彼女たちは、グループ化することで自分たちの居場所をつくっています。その居場所を否定しなければ、クラスに役立つこともします。彼女たちの強力なエネルギーを学級経営に生かせばよいのです。

グループ対立①
初期の対応

事例 **13**

　れいらさんのグループとさくらさんのグループはゆるやかにつながりを保っていましたが、ちょっとした意見の食い違いから、対立をし始めました。教室にまるで仕切か壁があるかのように、お互いのグループと交流を断ち、自分たちだけの世界をつくります。グループ同士の牽制が始まるので、何か役割を決めようというときに、立候補がほとんどなくなったり、授業中の発言など公の場の意思表示がガクンと減ったりします。こうなってくると、授業をしてもイベント活動をしても盛り上がらず、クラスの雰囲気は暗く沈んだものになります。
　ここでは、グループが対立してクラスの雰囲気が悪くなってきたときの、グループへの最初のかかわり方を示します。

処　方　箋

❶ グループ全員を対象にする

　「悪口をいった」とか「にらんだ」とか、具体的な「事件」があったときは、比較的容易に話を始めることができます。関係者を集めて話を聞けばよいからです。しかし、そうした「事件」がないにもかかわらず、グループ間でまったく交流がなく、クラスの雰囲気が悪くなっている場合があります。そんなときは、放課後何気なく一方のグループの子どもに声をかけます。グループ全員がそろっているときを見計らってです。

「最近、さくらさんたちと話をしていないみたいだけど何かあったの？」

　もちろん、対立グループの関係者がいないときにです。子どもとの関係ができていないときは、「先生には、関係ありません」などと言われるかもしれません。かかわることがむずかしいと思ったら、「事件」が起こるまで待つのも選択肢の１つですが、もう１つのアプローチとして次のように声をかけることもできます。

「でもね、れいらさんたちとさくらさんたちがけんかみたいになっていて、クラスの雰囲気がなんとなく悪くなって、授業がやりにくいんだけどな。よかったら話してくれませんか。」

　授業をするのは教師の仕事です。自分の仕事が遂行できなくなっていることを知らせます。ここまでいってだめだったら引き下がります。でも、彼女たちも居心地の悪さを感じているはずですから、おそらく話してくれるでしょう。

　話を始めたら、聞き手に徹してすべてを聞きます。不満がたまっている場合は、かなりきついことを言うはずですが、「そんなことを言っちゃだめだよ」なんて余計なことは言わず、穏やかにうなずきながら聞きます。ここで大切なことは、聞きながら、「感情を出させること」です。感情を相手にぶつけさせず、ここで吐き出させ、受け止めます。このプロセスを中途半端にすると、後で、グループで対面したときにけんかを始めてしまいます。

　また、ここで「○○ちゃんたちも、言ってたよ」なんて話が出てきたら、明日にでもその子たちの話を聞きます。今話をしてくれている一方のグループを「支援する」グループがあったら、その支援グループの話もすべて聞きます。

❷ 願いを明らかにする

　れいらさんのグループの言い分を一通り聞きました。次にすることは、

彼女たちの願いを明らかにすることです。
　そのときに、「これはまずい」と思ってもらわなければなりません。自分には仲間がいるから、このままでよいと思っている強気な子どもがいないわけではありません。改善への態度を引き出すために、自分たちが、対立を続けていたらどうなるか考えさせます。
「このままけんかみたいなことを続けていたらどうなると思う？」
と聞きます。ほとんどの子どもが「ひどいけんかになる」とか「クラスが暗くなる」などと言うでしょう。「それはいけないことだよ」なんて言う必要はありません。少し時間をとって考えさせれば、まずいことになることは十分分かってくれるはずです。
　そこで、
「それで、どうしたい？」
と聞きます。居心地の悪さを感じているはずですから。
「仲直りしたい」「もとのように話せるようになりたい」と言うでしょう。そうしたら、次のように言って話し合いをもちかけます。
「自分たちの気持ちをさくらさんたちに伝えませんか。」
「改善したい」と言っているのだから、「話し合いたい」と言うでしょう。もし、「それは、ちょっと」としり込みするようだったら、「自分たちの気持ちを直接伝えた方が解決が早いよ」とか、「きっとうまくいくんじゃない」と励ましましょう。
　最後に、言いたいことをまとめさせます。

　れいらさんたちの言いたいことがまとまったら、別の機会を設けて、さくらさんたちの話を聞きます。こう切り出します。
「れいらさんたちとけんかみたいになっていませんか。（認めたら）昨日れいらさんたちが放課後教室にいたから、話を聞いてみました。だから、今度はさくらさんたちから、話を聞きたいと思ったんだけど、いいかな。」

さくらさんたちは、相手が言ったのなら自分たちも、と思うので多分答えてくれるでしょう。しかし、誰かから昨日のことを聞き、教師が向こうのグループの味方になったのではと、心配している場合もありますから、話を聞くことになった経緯をきちんと説明します。そして、話を聞くときは、教師は「どちらの味方でもなく心配をしている」態度で、接するようにします。教師が一方の味方になっていると思われたら、これからの話し合いを進めるのが大変困難になります。
　このときも、れいらさんたち同様、関係者全員から話を聞き、願いを明らかにしておきます。話を聞き終わったら、次のことを確認します。
「れいらさんたちは、みなさんとお話ししたいと言っていますが、どうしますか。」
　対立状態は居心地がよくないので、承諾するはずです。

　話を聞く過程では、彼女たちも必死ですから、感情を顕わにする場合もあります。しかし、苦言を呈したり指導をしたりせず、受け止めること、話を引き出すことに徹して、穏やかに進めることがポイントです。
　さあ、ここから解決のための話し合いに入ります。

グループ対立②
解決のための話し合い

事例 14

　前の事例の続きです。
　話し合いは、円満解決を目指したいところですが、複雑に入り組んだ人間関係のトラブルの解決はむずかしいでしょう。しかし、教師がかかわって、まったく改善しなかったら「あの先生に言ってもだめだ」と思われてしまいます。教師が信頼感を失ったら、クラスは崩壊に向かって坂道を転がり落ちることになります。少なくとも、露骨な対立関係は解消するようにしなくてはならないでしょう。「今、クラスの危機である」、としっかり認識して、時間がかかってもよいから、きちんと対処したいものです。
　ここでは、解決のための話し合いのもち方を示します。

処方箋

❶ 他の子どもへの配慮

　対立している双方が相手方に言いたいことをまとめ、話し合いの準備が整ったら、時間を設定して話し合いをもちます。放課後や昼休みが望ましいですが、現在の学校のスケジュールを考えると、昼休みや放課後はゆっくり時間をとることはむずかしいように思えます。そういうときは、自習にして別室で話し合いをもちます。本来学習すべき時間を使うわけですから、他の子どもにきちんと話します。

「みんなも知っていると思いますが、ちょっとした行き違いからけんかみたいになってしまった人たちがいます。このままでは、みんな気分がよくないでしょう。だから、話し合いをしようと思います。みなさんには申し訳ないですけど、自習をして待っていてもらえますか。」

　子どもの反応を見ながら話します。教師がクラスのことを考えて真剣に話せば、そう嫌な顔をしないはずです。前もって、双方のグループには、「時間をとるためにみんなに自習をさせることになるので、話し合いをすることをクラス全員に伝えますけど、いいですね。」と言っておきます。そうしないと、いきなり自分たちの問題を公にしたといって教師に不信感をもつ子どもが出ないとも限りません。ここまで、準備をして話し合いに入ります。

❷ 話し合いの目的とルールの徹底

　別室に全員を集めます。全員で輪になって座ります。輪になるのは、全員が対等な立場に立つためです。教師がここまでの経緯（簡単に）と話し合いの目的を話して始めます。明確にいっておきたいのは、「解決のために集まった」ことです。お互いを非難するために集まったのではないことをしっかり伝えます。さらに、前もって次のことを約束させます。

---

① 　穏やかに言うこと。
② 　相手を責めないこと。
③ 　相手の言い分は最後まで聞くこと。

　ここで非難合戦が始まると、新しい葛藤が生まれてしまうからです。これが守られないような場面が少しでも見られたら、ためらわず「ちょっと待って、約束を思い出してね」と介入します。

❸ 状況の確認

　なぜ、こうした状況になったのかがわかっていないと解決策が実効性のないものになりがちなので、双方に言わせます。
　最初に「どうして話せなくなったの？」などと投げかけて、一方のグループから話を始めるのがよいでしょう。代表者が話した後、言い足りないことがあったら他の子どもに言わせます。終わったら、もう一方にも同じようにさせます。
　話を黒板に書くとかメモするなど、整理しておきます。話が複雑になったとき、解決策を決めるために役立ちます。
　話し終わったら、「もう言いたいことはありませんか」と確認します。そして、次の点を「よく」確認しておきます。「後から事実を付け加えない」こと。解決策を決めた後に、「実はこうだった」という話が出てくると、話し合いが振り出しに戻されます。だから、「もう言いたいことはないですか」としつこいくらいに確認し、最後に、「後から、『実はあのとき言わなかったんだけど』というのは無しにしてください」と念を押します。

❹ 願いを一致させる

　思いを出し合っているうちに、また、怒りや悲しみがよみがえってきて、解決しようとする態度が崩れがちになります。だから、グループ毎に考えさせたときと同じように、「この状態が続いたらどうなると思う？」と問います。双方とも、クラスがよい状態にならないことを予想するでしょう。そこで、改めて確認します。
　「みなさんはこの状態をどうしたいの？」
　「解決したい」とか「話せるようになりたい」と言うでしょう。グルー

プ毎に話を聞いたときに、ここまで話が済んでいるから当然こうした話が出てきます。あえて確認するのは、ここにいる全員の目標を一致させるためです。

❺ 解決策を出し合う

　目標が一致したところで、解決策を出し合います。目標がたとえば、「仲直りすること」だったら、「仲直りするためにはどうしたらいい？」と問います。輪になって座っていますので、順番に1人ずつ言わせます。解決策は、具体的なものにします。たとえば、「仲良くする」では、解決策になりません。どう行動すればよいのかわからないからです。そう言ったら、「どうすれば仲良くなるの？」と問い返せばよいでしょう。「謝る」とか「朝必ずあいさつをする」とか、「1日1回以上話す」などの行動で示したものがよいです。

　一通り、解決策が出たら解決策を選ばせます。それは、全員が実行できるものにします。多数決はできるだけ避けます。1人ずつ「これできるかな？」などと確認しながら決めるのがよいでしょう。納得しなくては、実行できませんから。今後のことも見据えて、最後に教師の思いを話し、彼女たちを勇気づけます。

「みんながけんかみたいになってとても心配でした。みんなもいい気分じゃなかったんじゃないかな。でも、一人ひとりが真剣に解決しようと協力してくれたから、解決できました。話して気持ちを伝え合えばきっと解決できると思います。これからもし、こういうことがあったら、話し合って解決していこうね。今日は、協力してくれてありがとう。」

　もちろん、教室に帰ったら、自習をして待っていた他の子どもにも、話し合いの概略を説明し、心を込めて感謝の気持ちを伝えます。

集団で教師に反抗

事例 15

　女子が集団で反抗してきたら、それこそ「手のつけられない」状態になります。教師はクラスにおいては、最も力のある存在です。だから、そこに対抗しようという反発のエネルギーは、それだけ大きなものになります。男子や、まずいなあと思っている女子数人の力ではどうにもなりません。全力でかかってきますから、いろいろなことをやります。授業を抜け出す、教師を無視する、教師の悪口の手紙をまわす、給食を食べるときに教師から背を向ける、などなど、人格をズタズタにするような行為を平然とやってのけます。
　こうしたことにならないためには、普段からの関係づくりを大切にして、予防するのが一番です。しかし、不幸にして反抗が始まってしまったらどうすればよいのでしょう。

処方箋

❶ アンケート

　教師との関係がぎくしゃくしていて、授業や生活がしっくりといっているわけがありません。子どもは、教師に対する不満とともに、クラスに対しても不満を抱えています。まず、クラスに対する願いを伝え、その不満を吐き出させることから始めます。
「朝会ってもあいさつはないし、授業中もとても集中して学習しているとはいえません。何か仕事があっても、ほとんど立候補する人がいない。

教室は汚れ、悪口が書かれた紙が落ちている。こんなこの頃のクラスの状態をとても残念に思います。みんなはこのままの状態で過ごしていくつもりですか。私は、なんとかこの状態をよくしたいと思っています。みんなからも意見を聞きたいのです。これから配る紙に、みんなの思いを書いて教えてください。」

　教師に対して不満をもっているのは、女子グループだけとは限りません。また、子どもが直接言ってくる状況ではありません。だから、全員にアンケートに書いてもらいます。アンケートは、学級の実態に応じて作成しますが、例を示します。

＜クラスをふり返るアンケート＞
1　この頃のクラスについてどう思いますか。
2　クラスの改善した方がよいところはどんなところですか。
3　先生に言いたいことやお願いしたいことはどんなことですか。

　子どもが書き終わったら次のように言います。
「たくさん書いてくれてありがとう。今日、これからみんなの願いをよく読んでみたいと思います。」
　アンケートの結果をプリントにまとめておく。同じ意見以外は、すべて書いておきます。

❷ クラス再建のための話し合い

（1）話し合いの合意を得る

　話し合いの前に、話し合うことに合意を得るようにします。ともに改善に向かって歩む姿勢をつくるためです。
「みんなから書いてもらったことを読んで、私もいろいろと考えさせられました。私もいろいろ努力することがたくさんあることがわかりまし

た。正直に書いてくれてありがとう。また、今のクラスの状態をまずいと思っている人がたくさんいてうれしかったです。どうですか、みんなでここでもう一度やり直すために、昨日のアンケートをもとに話し合いませんか。」

　教師が正直に自分の気持ちを語れば、多分子どもも同意するはずです。

(2) クラスの現状の確認

　アンケートを集計したプリントを配り、項目1「この頃のクラスについて」から、子どもたちの見たクラスの姿を確認します。ここで、危機感をもたせ、改善への意欲を高めます。すべて読み上げたあとに聞きます。
「この状態が続いたらどうなりますか。」
　挙手する子どもはいないでしょうから、指名して数人に意見を言ってもらいます。「勉強ができなくなる」「クラスがばらばらになる」などのことを言うでしょう。続けて聞きます。
「この状態を続けたい人？」
　手を挙げる子どもはいませんが、気持ちの確認です。
「私も同じ気持ちです。みんなと協力してクラスを立て直していきたいと思ってます。まず、先生の努力することから考えたいと思います。」
といって、項目3「先生に言いたいことやお願いしたいこと」の内容を読み上げます。

(3) 教師に対する不満に対して

「話を聞けというくせに、自分は私たちの話を聞かない」「すぐ、音楽や図工の時間をつぶす」「よく黒板の字を間違える」「いじめや差別をしないと言いながら○○さんをひいきしている」「服装がだらしない」など、ここでは小さなことから、「誤解だ！」と言いたくなるようなことまでいろいろ出てきます。人格攻撃もしてくるので、つらい時間ですが、我慢です。「顔が嫌い」などの努力できないことについては、「これはち

ょっと無理だね」と言い、努力できることについては、「がんばるね」と約束します。次のように話をしながら進めます。
「いろいろ嫌な思いをさせてごめんね。話を聞けと言いながら、確かに聞かないことがあったね。今度からよく聞くようにするね。音楽や図工をつぶしちゃったことがあったね。算数が遅れていたものだから。もっと、みんなによく説明すればよかったね。」

　また、「ひいき」について指摘があったら、「どんなときにひいきだと感じるの？」と詳しく聞いて、状況を明らかにしておくとよいでしょう。これは特に慎重に答えます。子どもとって、「ひいき」は最も嫌悪感の大きい教師の行為だからです。
「なるほどね、○○さんに、ちゃんと勉強できるようになってほしかったから、つい、手助けし過ぎたかもね。みんな、そういうの見て、やだなあと思っていたんだね。○○さんにも嫌な思いさせたね。」
　わびるべきところはきちんとわびます。

(4) 立て直しのためのルールづくり

　ここまでがうまくいっていれば、子どもの表情はずいぶん軽くなっているはずです。項目2「クラスの改善した方がよいところ」の内容を読み上げ、ルールを決めます。
「このクラスにとって『これは特に必要だ』というものはどれでしょうか。」
　項目2の内容からルール化した方がよいものをリストアップします。
「これらのことをルールとしてもいいと思う人は手を挙げてください。」
　このとき、あまり欲張らないことです。多くとも3つにします。ルールはできるだけ、具体的な表現にします。「まじめに授業に取り組む」ではなくて「授業中に私語をしない」「黒板に書かれた内容は、すべてノートに書く」とします。「仲良くする」というルールの案については、「どうやったら仲良くなれるの」と聞き、具体的行為を挙げさせます。

すると「朝10人以上とあいさつする」「悪口を言わない」などが出てくるでしょう。

(5) 再出発を誓う

〇月〇日の誓い

　この日のルールを「〇月〇日（話し合いをした日）の誓い」などと書いて、教室に掲示し、「今日の話し合いを忘れないようにして、再出発しよう！」と呼びかけます。用紙は、画用紙を2つ折りにして中身は普段見えないようにしておきます。そして、ときどき中身を開いてみんなで読み合うと、中身が見えるように掲示しておくよりも、インパクトがあります。

(6) 定期的にふり返る

　2週間に1度程度、朝の会や帰りの会でふり返ります。
「『〇月〇日の誓い』は守られているでしょうか。守られていると思う人？　守られていないと思う人？」
と聞きます。守られていないに手が挙がったら、どんなところか聞きます。指摘があったら、それについて他の人はどう思うか聞き、多くの子どもがそう思っているようだったら、注意を促します。ここで、教師に対する指摘が出たら、「ああ、そうだね、気をつけるね」と教師自身の行動も修正します。

　1つ1つの教師の行為が問題なのではなく、教師と子どものコミュニケーションが十分でなかったことが問題なのです。こうしたやりとりなどを通して教師とコミュニケーションを回復させ、良好な関係を築いていきます。

　　　＜参　考＞河村茂雄　『育てるカウンセリング実践シリーズ1　学級崩壊　予防・回復マニュアル　全体計画から1時間の進め方まで』　図書文化、2000年

グループの仲間はずし が学級全体へ蔓延①

事例16

　あきこさんは、学級のリーダー的な存在のるみさんのグループに入っていました。しかし、グループの女子の悪口を他の子どもに言ったことがるみさんたちに分かってしまいました。怒ったグループの子どもがあきこさんを無視するようになりました。そんな雰囲気を敏感に察知した他の女子も、だんだんとあきこさんと言葉を交わさなくなりました。男子も孤立したあきこさんの様子を見て、少しからかうような姿も見られ始めました。

　女子グループ内の仲間はずしは、そのグループの中に学級の雰囲気に大きな影響をもつボス的存在がいると、それが学級全体に広がってしまうことがあります。男子といえども、女子グループの結束したグループの力にのまれてしまうのです。こうした事例は、学級全体のもついじめの構造との戦いです。対応の前半を示します。

処方箋

❶ 「オモテの攻撃」をたたく

（1）きっかけを逃さない

　今、あきこさんには2種類の攻撃が展開されています。男子を中心とするからかいなどの見える攻撃、つまり「オモテの攻撃」と、るみさんを中心とする女子の無視などの見えにくい攻撃、つまり「ウラの攻撃」です。教師にとっては指導のきっかけが必要です。「ウラの攻撃」は現

場をつかまえにくいものです。それに対し「オモテの攻撃」は、明白ですから、そこを的確に押さえます。

あるとき教室に行くと、あきこさんが泣いていました。声をかけても泣いているので答えません。そこで、「あきこさんが泣いている理由を知っている人教えてください」と、見ていた子どもに聞きます。ここでは、必ず、複数の子どもから聞き出します。ボス的な子どもが、事実を都合のよいように変えてしまうのを防ぐためです。事実を聞き出したら、「あきこさん、それでいいですか」と確かめます。もし、あきこさんが否定したら、泣きやむのを待って聞きます。子どもの言うことをまとめると、およそ次のようなことでした。確かめると、あきこさんも認めました。

教師のいないすきまの時間に、てつやくんがあきこさんの席に間違って座りました。てつやくんは、「うわー」と声を挙げ、たかあきくんに手をなすりつけました。たかあきくんは、また同様にして、他の男子に手をなすりつけました。いわゆる「バイ菌ゲーム」のようなことをしたわけです。それを見ていたあきこさんは、たまらず泣き出してしまいました。

これはこの問題を解決する絶好のチャンスです。これを突破口にして切り込みます。

事実を確認したら、すかさず言います。「一緒になってやった人、立ちなさい」数人が立ちました。

(2) 厳しくたたみかけるように迫る

「オモテの攻撃」に対しては、たたみかけるように指導するのがポイントです。厳しい表情と口調、圧倒的迫力をもって迫ります。「どうしてやったの？」なんて、悠長な問答をしてはいけません。

「あきこさんの席にふれた手を他の者に拭った。拭われた者は、さらに他の者に拭った。つまりあきこさんをバイ菌扱いしたのですね。分かり

ました。あきこさんをあなたたちがバイ菌扱いするのなら、私もあなたたちをバイ菌扱いします。もちろん、クラスの皆さんにもあなたたちをバイ菌扱いするように勧めます。それでいいですね。」
「いい」とは言わないでしょう。てつやくんたちが、首をふるなど否定したところで、さらに厳しい口調で言います。
「なぜ、自分にされたら嫌なことをあきこさんにするのでしょうか。あなたたちのやったことはいじめです。」
　泣いたり反省している様子だったらそこまでです。そして、
「自分のやったことをどう思いますか。」
　と問いかけます。「悪かった」などと言うでしょう。そうしたら、
「間違いは誰にでもあります。どうしたらいいですか。」
「謝ります」と言うでしょう。バイ菌ゲームをした男子は、あきこさんに謝りました。「あきこさん、いいですか？」と聞くと、少し安心した表情をしてうなずきました。

❷ 「ウラの攻撃」に迫る

　上記の指導で、「オモテの攻撃」を抑止することはできます。しかし、それは表面的な問題です。本質は、「ウラの攻撃」をしている多数が握っています。そこにアプローチします。

（1）自分の行動をふり返らせる
「オモテの攻撃」をきっかけにして、自分のあきこさんへの態度をふり返らせます。しかし、いきなり自分の行動を問われても子どもは答えにくいので、まず、人の行動をふり返らせます。人の行いはよく見えますし、指摘しやすいはずです。
　少し声の調子を穏やかにして言います。
「最近の君たちの様子を見ていて気になることがあります。あきこさん

と話をしなくなった。朝、あきこさんが教室に入ってきても、誰も声をかけない。体育のときにグループを作るときに、あきこさんを誘わない。帰るときに、あきこさんのすぐそばにいる他の人にあいさつをするのに、あきこさんにはあいさつをしない。あきこさんに特別な態度をとっている人がいるようです。そういうクラスの雰囲気に気がついている人？」

　教師が気になっている具体的行為を挙げ、それを認識しているかどうか尋ねます。ほとんどの子どもが手を挙げました。そこで、次は、自分の行動を問います。

「さすが皆さんです。安心しました。気づいていたのですね。それでは、自分があきこさんに特別な態度をとっていたと思う人は正直に手を挙げてごらん。」

　何となく周りの雰囲気であきこさんと距離を置いてしまい、居心地の悪さを感じていた子どもは手を挙げます。また、あきこさんへの特別な態度に多くの人が気づいていることを知ると、開き直って認める子どももいます。

　もし、挙手が意外なほど少なかったら、少し厳しい表情でさらにこう言います。

「先程、あれだけの多くの人が手を挙げたのに、している人がこんなに少ないわけないじゃありませんか。」

　手を挙げる子どもが、増えるでしょう。るみさんたちは手を挙げないかもしれません。それでもよいのです。るみさんたちには、悪口を言われたから話をしなくなったという「大義」がありますから、「そんなこと先生に言われても」と思っているでしょう。手を挙げてくれたらラッキー、くらいに思っていてよいのです。グループの問題は、また、別にアプローチをすればよいのです。

（2）事情を理解しつつ誤りを指摘する

　あきこさんに特別な態度をとった理由は、各自ばらばらです。それを

ひとまとめにして「悪い」と言われても反発したくなるでしょう。
　手を挙げた子どもに1人ずつ理由を尋ねます。
なおみ：私が一緒に帰れないって言っているのについてきて困ったから。
ゆりあ：他の人と話したいのに、いつもそばにくるから。
けんじ：人につきまとってくるから。
教　師：え？　けんじくんにつきまとったの？
けんじ：人から聞いた……。
教　師：なるほどね。人の噂で判断したんだね。
　るみさんのグループの子どもも言いました。
さおり：あきこさんに悪口を言われた。
かなえ：あきこさんがまなさんとやっている交換ノートに私の悪口を書いた。
　さおりさん、かなえさんには、次のように言います。
「あきこさんとの間にトラブルがあったのですね。ならば、後で話し合いが必要ですね。関係する人、後で話し合いましょう。そして、謝るべきところがあればきちんと謝りましょう。」
　続いて、なおみさん、ゆりあさんに諭すように言います。
「つきまとわれるようなことをされて嫌だったのね。でもね、クラスのほとんどの人が、話さなくなったらどんな気持ちですか。寂しいでしょう（うなずく子ども）。つきまとうようにしても、誰かのそばにいたくなりませんか。そんなあきこさんの気持ちを分かってほしいです。」
　このように、子どもの言い分を認めながらも、担任の考えを伝えます。しかし、けんじくんのような言い分を認めてはいけません。
「しかし、噂だけで自分で確かめもしないで、人を無視する人もいました。まったく情けない！　けんじくん、あなたのことも噂で判断しますよ、いいですか？」
　けんじくんに言い返す言葉はないはずです。

グループの仲間はずしが学級全体へ蔓延②

事例 17

　前の事例の続きです。グループの仲間はずしから発生した学級全体を巻き込んだ仲間はずしに対して、からかいやいたずらのような「オモテの攻撃」を叩きました。それをきっかけにして、無視などの「ウラの攻撃」にアプローチをしました。
　ここまでは、状況を確認し、子どもに「まずいことをしているなあ」と思わせたにすぎません。ここから同じことを繰り返さないようなクラスの体質づくりをします。

処　方　箋

　「オモテの攻撃」や「ウラの攻撃」にアプローチするときは、教師の気迫でたたみかけるように指導しますが、ここでは、毅然とした態度を保ちながら、じっくりと子どもに迫り、最後にはクラスを立て直そうとする前向きな雰囲気をつくるようにします。

❶ 危機感をもたせる

　次にすることは、自分たちの現在の行動を「やめよう」と思わせることです。高学年の子どもには、お説教よりも、自分たちの行動の結果を予測させることが効果的です。現在の行動を続けていたら、どういうことになるか考えさせます。

「いろいろな理由があってあきこさんに特別な態度をとっていたのは分かりました。では、何か嫌なことがあったときに、その相手にあいさつをしなかったり、声をかけなかったり、無視したりしていたら、クラスはどうなりますか。」

　これをあきこさんだけの特別な問題にしないことです。自分の問題や、クラスの問題としてとらえさせることで、危機感が増し、誤った行動の抑止力となります。注意したいのは、「どうなりますか？」と聞くときに、詰問調にならないようにすることです。

　子どもは、「仲良くなれない」「雰囲気が悪くなる」などと言うでしょう。しかし、反応が具体性に欠け、建前を言っているな、と感じたら、次のように言います。

「もし、あなたが、その相手だったらどうしますか。あなたが友達に何か嫌なことをしたとします。その友達は急に口をきいてくれなくなりました。その友達から話を聞いた他の人たちも、自分と話をしてくれなくなりました。話をしてくれたとしても、あいさつや当たり障りのないことだけで、一緒に帰ったり、他の教室に行くときに一緒に行ってくれなくなりました。どんなことを思いますか。どうしますか。」

　一人ひとりにじっくり考えさせます。挙手でも、列指名でもよいです。答えてもらいます。「とても悲しい」「学校に来たくなくなる」「どうしていいか分からない」などと言うでしょう。自分たちがとってしまった行動を続けていたらまずいことになると理解できたようならば、このはたらきかけは成功です。

❷ ルールづくりの同意を得る

　全体指導の締めくくりは、同じようなことを起こさないための約束づくりをします。こうした問題が起こる原因の1つとして、人から不快な思いをさせられたときやそれを見聞きしたときの対処の仕方が分からな

いことが挙げられます。だから、クラスでルールをつくります。
　子どもが守ろうとするルールづくりのためには、「自分たちで決めた」という実感をもたせることが大切です。しかし、教師に無理矢理つくるように言われたルールでは、子どもが内容を決めたものでも、「自分たちのルール」という意識がもてません。だから、いきなり「ルールをつくりましょう」というのではなく、ルールをつくることに対して子どもの同意を得るようにします。
　子どもが、危機感をもったところで、こう言います。
「友達に嫌な思いをさせない自信がある人は手を挙げてください。」
　手を挙げる子どもは、まずいません。続けて言います。
「私は、このクラスを、人に嫌な思いをさせられたときに、無視をしたり、人からそんな話を聞いたときに、その無視に加わったりするようなクラスにしたくありません。そんなクラスにしたくない人は、手を挙げてください。」全員が手を挙げるでしょう。
「そうしないためのルールをつくることに賛成してくれる人？」
　やはり、全員が手を挙げるでしょう。

❸ ルールをつくる

　ルールをつくるときは、何に対するルールをつくるのかはっきりさせます。次の①、②を黒板に書いておくとよいでしょう。
「それでは、①人に嫌な思いをさせられたとき、②人が誰かに嫌な思いをさせられたのを聞いたときにどうすればいいか、についてルールをつくりましょう。」
　似たような意見をまとめ、支持を多く集めた意見をクラスのルールとします。ルールは、どんなに優れているものでも守られないと意味がありません。少ない方がよいです。私のクラスの場合は、①に対しては「悪口などを言われたり嫌なことをされたら、すぐにその人に伝える」、

②に対しては、「一緒に悪口を言ったり、無視をしたりしない」というルールがつくられました。①については、言い方が分からないという子どもがいたので、言い方をみんなで出し合いました。「〇〇って言われて嫌だったんだけど、やめてくれる？」「さっき〇〇さんと私の方を見て話していたけど、何を話していたの？」など、自分の体験をもとにして、意見を出していました。

　ルールが決まったら、それを紙に書いて、見えるところに掲示しておきます。そして、ときどき、「守ってる？」と声をかけるようにします。決めっ放しにならないようにしたいものです。

❹ グループとの話し合い

　最後に最も大事な仕事があります。あきこさんとるみさんのグループのトラブルは、まだ解決していません。かなえさん、さおりさんを呼び出し、「あきこさんに、悪口を言われたと言っていたけど、もう少し詳しく聞かせてもらえる？」と聞きます。このとき、「他にも悪口を言われた人がいたら呼んできて」と関係者を呼び、事情を聞きます。おそらく、グループのほとんどが出てくるでしょう。その後で、あきこさんを呼び出し「かなえさん、さおりさんから〜（2人の話の概略）という話を聞いたんだけど、心当たりある？」とあきこさんからも言い分を聞きます。その後で、あきこさんと関係者を呼び、謝るべき点があれば謝ってもらえばよいでしょう。

　あきこさんに悪口を言われたなどの事実があれば、それは、学級全体への指導とは別の問題です。グループにしてみれば、自分たちは被害者だと思っています。グループの面子を立ててやる必要があります。ここをおろそかにするとクラスで決めたルールが守られなかったり、教師に対する不信感をもたせたりすることになります。グループの結束力を侮らず、ていねいに対処したいものです。

第3章

「乙女心」トラブルへの処方箋

めそめそしたり、怒ったり、イライラしたり……
高学年女子のこころをつかむことは至難の業。
そんな女子のこころを理解し、援助するには

【好ましくない例】

1. 先生、○○さんがにらんだ
2. ○○さんがそんなことしたの？ かわいそうねぇ
3. 他に なにか されなかった？ ／ いじめられた？
4. わたしは かわいそうな子なの 他に いやなこと ないかなぁ

- すぐいじめられたと訴える
- すぐ怒る・カッとなる
- いつも不機嫌で憎まれ口を言う
- わがまま
- 茶髪にしてくる
- 不必要な物を持ってくる
- 目立つ仕事をやろうとしない
- 言いたいことが言えない
- テストにこだわる
- 「よい子」

【好ましい例】

1	先生、○○さんがにらんだ
2	それは心配ね、詳しくお話聞かせて
3	……だったの / どうする？
4	様子をみてみます / 話したらすっきりしたな

すぐいじめられたと訴える

事例 18

　友達と目が合うと「にらまれた」と言い、話しかけても思うような反応が得られないと「無視された」というようなことを言って訴える子どもがいます。家でも、「○○さんたちがこそこそ話していた」とか「○○さんに悪口を言われた」というようなことを言うので、お母さんからよく「どうなっているのでしょうか？」という連絡帳をいただいたりします。
　この事例のように、自分がいじめられていると被害者意識をもちがちな子どもがいます。それが高学年女子の場合は、家族も「女子の問題はむずかしい」と神経質になっていることもあり、そうした傾向を余計に助長してしまうようです。

処　方　箋

❶ 訴えを誠実に聞く

　このような訴えにはいろいろな目的があります。無視されたり、叩かれたりして、本当に困って助けを求めているのかもしれません。または、そうした訴えをすることで、教師とのかかわりをつくろうとしているのかもしれません。過去に、「いじめられた」と訴えたときに、普段より多く声をかけてもらったり、優しくしてもらったりした経験があると、そうした行動に出る子どももいます。あるいは、友達がほしいけどうまくいかない気持ちを伝えているのかもしれません。いずれにせよ訴えは

誠実に受け止めます。

　その子どもにかかわるには信頼関係をつくることが必要です。そのためには、まず、子どもの訴えをきちんと聞きます。そのときに大切なことは「同情しない、共感する」ことです。

　粗く言えば「同情する」とは「かわいそうだ」と思うことで、「共感する」とは感情を理解することです。かわいそうだと思っていることが伝わると、子どもは教師に依存する気持ちをもち、ますます、こうした訴えを多くするようになります。共感するための1つの方法として、「子どもの感情を言葉にする」ことが挙げられます。たとえば、次のようにします。

「にらまれたって？　それは、心配だねえ。もう少し、詳しくお話聞かせてくれる？」

　訴えをていねいに聞いて、子どもの目的を考えます。

❷ 自信をもたせる

（1）「場数」を踏ませる

　教師の注目を引こうと思っている子どもの中には、十分に話すと満足する子どもがいます。

「どうする？」

と聞いて、「様子をみてみる」と言ったら「また、何かあったらいつでもおいで」と言えばよいでしょう。不安を抱えているようならば、「○○さんと話をしてみる？」と聞きます。え？　っていう顔をしたら「先生も、その場にいようか？」と言えば、多分、承諾するでしょう。実際に、「にらんだ」「こそこそ話をしていた」その相手の子どもに来てもらって、話を聞きます。多くの場合、誤解です。そうではない場合でも、事情がわかれば安心します。いじめられたと訴える子どもは、人づき合いに自信がありません。こうした誤解を解く、実際に聞いて安心す

る、といった体験の「場数」を多く踏ませることが必要です。

(2)「訴え」以外の姿に注目

いじめられたと訴えたときだけ、教師がその子どもの話を一生懸命に聞いていると、教師の注目がほしくなったり不安定になったりするたびに「訴え」をするようになってしまいます。だから、普段からその子どもの話をよく聞き、話をし、「訴え」以外のつき合いを多くします。その上で、「訴え」があり、解決した後に、ときどき次のように言います。「今まで何回かこういうことがあったけど、実際に聞いてみたり、自分の気持ちを伝えてみると解決できるでしょう？　だから、今度、こういうことがあったら、その人に聞いてみるといいよ。きっと、あなたならできると思うよ。もし、自分で解決できたら、そのときは是非、先生に教えてね。」

ある程度「場数」を踏めば、この言葉は響きます。そして、もし、その子どもが自分で解決したことを報告してきたら、「うれしいなあ」と喜びを示してあげましょう。訴えてきたときばかりにコミュニケーションをするのではなく、普段やうまくいっているときのコミュニケーションを豊かにすることで、子どもは自信をつけます。

(3) ゲームで信頼関係づくり

その子どもを鍛える一方で、クラスの信頼関係づくりを進めておく必要があります。手軽にできることでは、コミュニケーションを促すゲームです。その1つを紹介します。

＜わたしのダウト＞
① 葉書2分の1程度の大きさの用紙に自分に関することを4つ書く。そのうち1つ、「うそ」を書く。
　　（例）「犬を飼っている」「5人家族である」など。

> ② スタートの合図でペアになり、順番に用紙の内容を読み上げ「うそ」を当て合う。
> ③ ペアの相手が「うそ」を当てたら、相手の用紙に自分の名前をサインする。2人ともサインをしたら、ペアを解散し、別な人とペアになる。
> ④ 5人からサインをもらったら席に着く。

　時間に応じて、サインをもらう人数を調節します。自分に関する情報を出し合うので、お互いの理解が深まります。友達づくりのきっかけになります。「今日は、男女で」とか「まだやったことのない人と」などと条件をつけると、交流の幅が広がります。

❸ 保護者を安心させる

（1）学級通信で様子を伝える

　保護者が知るクラスの様子は、多くの場合、子どもの目を通したクラスの姿です。だから、普通のクラスでも、いじめられたと訴える子どもの保護者には、「いじめが蔓延している」クラスととらえられてしまうかもしれません。だから、学級通信を多く出し、「子どもの目」以外の情報を知ってもらうのがよいでしょう。学級通信を定期的に出し、子どもの長所やクラスのがんばりを知らせましょう。

（2）こまめな連絡

　保護者から電話や連絡帳で訴えがあったら、その日のうちに報告をします。家庭を訪問して、直接話すのが望ましいですが、家庭によっては困る場合もあるので、その家庭と相談して報告の方法を決めるのがよいでしょう。小さなことだと思っても、訴えて来るというのはよほどのことです。誠実に対処します。教師の熱意が伝われば、それは、教師に対する信頼感になり、保護者の不安も小さくなるはずです。

すぐ怒る・カッとなる

事例 19

　ある女子が日直として、前に立ち「ごちそうさま」の号令をかけようとしました。席に着くように２度ほど声をかけたけれども、席に着かない男子が数人いました。次の瞬間、拳を握りしめて「いい加減にして！」と怒鳴りました。

　高学年を担任しているとこういう場面をよく見ます。突然、カッとして感情的になるのです。男子の場合は、手が出たり足が出たりということが多いようですが、女子の場合はきつい一言をいいます。「死ね！」「ぶっ殺す！」などの男子専門だと思われていた言葉から、「このブス！」「デブ！」など身体的なことまで、手や足を出さない分、言葉の「切れ味」は何倍も男子より鋭いようです。

処方箋

❶ 攻撃性の目的

　こうした子どもは普段から、感情的なわけではなく、いつもは普通の常識的な言動をとっています。それが、あるきっかけで感情を爆発させます。きっかけとなるのは、自分が批判、否定されたときや、相手の失敗などによって、自分が不利益を被るときが多いようです。そう考えてくると、感情を爆発させるのは、伝えたいことがあるのにうまく伝えられないときだと思われます。つまり、攻撃性は、この子どもの気持ちの伝達手段なのです。ですから、攻撃しなくても、伝えられることを教え

たり訓練したりすることが必要です。

❷ アサーティブなコミュニケーションの方法を教える

　このような問題は、多かれ少なかれ今の子どもがもっている傾向です。だから、個別の事例に対処するよりも、高学年を担任したら道徳などの授業で取り扱い、全体に指導した方が効果的です。アサーティブ（主張的）なコミュニケーションスキルを身につけさせる授業の1例を紹介します。

（1）3つのコミュニケーションスタイル
　まず、コミュニケーションには3つのスタイルがあることを知らせます。そして、聞きます。

○内容　●態度　◎言葉
＜受動的コミュニケーション＞
○自分の立場を示さずに、いつも相手の言いなりになってしまう。
●ためらう、伏し目がち、はっきりしない話し方
◎「あのー」「えーと」「……やっぱりいい」「別にいいんだけどさ」
＜攻撃的コミュニケーション＞
○不適当なやり方で、自分の感情や考えを押し通そうとする。意見が押しつけなので、相手の言葉を聞き入れず、それを「けんかを売られた」ように思ってしまう。
●脅しのジェスチャー、早くて大きな声、きつい目つき
◎「お前、むかつく」「うざい」「消えろ」「〜やれ」「何言ってんだ」
＜主張的コミュニケーション＞
○自分の考えをもち、納得できる理由を言うが、自分の考えを押しつけて従わせようとしない。
●よい姿勢、落ち着いた声、目線を合わせる
◎「わたし（ぼく）が感じているのは……です」
　「わたし（ぼく）は……してほしいです」

「わたし（ぼく）……だと思います。」

＜参　考＞
皆川興栄　『オピニオン叢書緊急版総合学習でするライフスキルトレーニング』
明治図書、1999年

「自分はどのスタイルだと思いますか。」

「あー、あたし、攻撃的だ」とつぶやく女子が数人いました。

（2）ペアインタビュー

場面1を読み上げる。

＜場面1＞
　まさみさんは、その日赤ペンを忘れてしまいました。困ったまさみさんは、普段から仲のよい隣の席のあなたなら気持ちよく貸してくれるだろうと思って、まるつけのたびに、あなたの赤ペンを「ちょっと貸して」と言って借りていました。あなたは、最初は「まあいいか」と思っていたのですが、何度も借りるので迷惑だと思い始めました。

　2人組でインタビュアーと「あなた」の役になって、インタビューをし合う。一人ひとりが状況を確実につかむことができる。聞くことは次の2つ。

①　あなたは、どうして迷惑だと思い始めたのですか。
②　あなたはどうしてほしいのですか。

（3）行為の結果の予測

「受動的コミュニケーション」「攻撃的コミュニケーション」の結果を予想させます。次の発問をします。

「あなたが、黙っていたらどうなりますか。」

「あなたが、攻撃的に『いやだ！』と言ったらどうなりますか。」

前者に対しては、「まさみさんの行動がエスカレートする」などのことを言います。後者に対しては、「けんかになる」「口をきかなくなる」などと言います。どちらもよくない状況になることをつかませます。

(4) ロールプレイング
「黙っていたり攻撃的になったりせずに自分の気持ちを伝えてみましょう。」
と投げかけ、先程の2人組で「あなた」と「まさみ」になり、ロールプレイングをさせます。終わったら役割を交代し、再度行います。終わったら、うまくできたペア数組に、演じてもらいます。上手にできているところをほめます。

(5) 目標とするスキルの確認
次の発問をし、獲得したいスキルを確認します。
「どういう風に言ったらうまく気持ちを伝えることができますか。」
子どもの意見をまとめます。ここでは、「相手に体を向けて顔を見る」「感情を抑えて言う」「聞こえる声で言う」「自分の気持ちを伝える」「理由を言う」の5つにしました。

(6) メンタルリハーサル
場面2を読み上げる。

> **＜場面2＞**
> ただしくんとあなたは、修学旅行の班が一緒になったのがきっかけで、仲よくなりました。ただしくんのよいところは、元気がよく明るいところです。でも、少し調子に乗り過ぎるところがあります。この頃は、あいさつするときに「おはよー」といいながら笑顔で頭を叩いてきます。あいさつしてくれるのはうれしいのですが、思い切り叩くことがあるので痛くて困ってしまいます。あなたは、ただしくんに何と言って気持ちを伝えますか。

「『あなた』になってただしくんに気持ちを伝えましょう。まず、頭の中で、リハーサルをしてみましょう。」

　目標とするスキルを確認し、それを使って気持ちを伝えている場面を、イメージさせます。こうすることで、行動化の成功率がぐっと上がります。

（7）ロールプレイング

　先程の2人組で、今度は、「あなた」と「ただし」になり、ロールプレイングを行います。終わったら役割を交代します。このときに、それぞれの役を演じたときの気持ちを聞きます。アサーティブに気持ちを伝えてもらったら「ただし」役の子どもは、「素直にいうことを聞こうと思った」などと言うでしょう。

（8）シェアリング

　最後にロールプレイングの感想や今日の授業で学んだことなど自由に語ってもらいます。私のクラスでは、「嫌と言いたいときに言えなかったけど、どんな風に言えばいいかわかった」「相手を傷つけずに自分の気持ちを伝える方法がわかった」などが発表されました。

❸ 継続的に取り組む

　子どもたちのコミュニケーションスキルの未熟さが指摘されています。1時間で、子どもの行動がすぐに改善されるものではありません。こうした授業を、状況を変え、定期的に実施することが効果的です。上記の（2）〜（8）のパーツを組み合わせて、場面をクラスの実態に合ったストーリーにすれば、何パターンも授業をつくることができます。

　継続的に取り組むことで、子どものロールプレイングの技能も高まり、それに応じて、学習効果も上がっていきます。

いつも不機嫌で憎まれ口を言う

事例20

　きり子さんは、いつもしかめっ面をしています。人が笑っていると「その営業スマイルなんとかしなよ」なんてことも平気で言います。学習中もノートを取らないので指摘すると、「あーあ、やってらんねーよ」と言いながら、面倒くさそうに鉛筆を持ちます。

　思春期がそうさせるのでしょうか。高学年の女子には人を不快にさせる言い方をする子どもがいます。けだるい表情や人を小馬鹿にしたようなものの言い方に、うんざりしてしまうこともしばしばです。放っておくとその子どもを怖がる子どもが出たり、その子どもが孤立したりしてクラスによい影響を及ぼしません。そんな子どもへのかかわり方です。

処　方　箋

❶ いちいち反応しない

　まず、きり子さんの目的を考えます。恥ずかしがり屋さんで、自分の気持ちをストレートに出すのが苦手なのかもしれません。また、挑発的な態度でいるといろいろ周りの人たちがかかわってくれるので、周囲の関心を引こうとしてそうした態度でいるのかもしれません。とすると、いちいち反応することはかえって逆効果でしょう。不機嫌な態度や憎まれ口に対して、感情的になっていたら、彼女は関心を引くことに成功したと感じ、ますますそうした態度を助長させるかもしれません。それは、

3章「乙女心」トラブルへの処方箋 …… 109

その子どもの自己表現の方法だと受け止めてしまい、他の子どもに接するのと同じような態度で接した方がよいでしょう。

❷ ちくちく言葉・ふわふわ言葉

　しかし、人を傷つけるような言葉を放置しておいてはいけません。さまざまなトラブルのもとになります。きり子さんのような子どもは、しょっちゅう、周囲に毒を吐いているわけですから、そのたびに取り上げて指導をしていては、その子どもに特別な注目を与えることになります。それに、教師とその子どもの関係が悪化することでしょう。関係が悪化したら、それこそ指導が入らなくなります。だから、クラス全体への指導を通して、きり子さんにメッセージを送るようにします。

　次のような授業をします。短時間でできる、とてもシンプルな授業です。シンプルだから、メッセージがストレートに子どもに伝わります。

（1）ちくちく言葉

「今日は言葉について勉強します。言葉はすごいパワーをもっています。人の元気をなくしてしまうことができます。人に言われて嫌だった言葉を教えてください。」

　子どもは「ばか」「死ね」「うざい」などと言います。面白半分に言う子どももいますが、取りあえずすべて聞きます。子どもの意見は、黒板の右半分に青いチョークで書いていきます。にやにやしていた子どもも、黒板の記述が増えるとだんだん、表情が硬くなっていきます。意見が出尽くしたところで、

「みんなで読んでみましょう。言いたくない人は心の中で読むだけでいいですよ。」

　ゆっくり、間を空けながら１つ１つ読ませます。教室の雰囲気が、沈んだ感じになります。読み終わったところで、聞きます。

「これらの言葉を読んでみてどんな気持ちがしましたか。」
「いやな気持ち」「つらくなった」「暗い気分になった」「悲しくなってきた」などのことを言うでしょう。
「みんなが何気なく言ったり言われたりする言葉だけども、とても嫌な気分になりますね。このように、人を嫌な気持ちや悲しい気持ちにさせる言葉を『ちくちく言葉』と言います。」

(2) ふわふわ言葉

「でもね、反対に、人をうれしい気分にさせたり、元気にしてくれる言葉もあります。『ふわふわ言葉』と言います。『ふわふわ言葉』にはどんなものがあるでしょう。」

子どもからは、「頭いいね」「絵がうまいね」などのほめ言葉から、「ありがとう」「おはよう」「ごめんね」などのあいさつに至るまでいろいろ出てきます。子どもの意見を、黒板の左半分に赤で書いていきます。意見が出尽くしたところで、言います。

「みんなで読んでみましょう。」

やはりゆっくり1つ1つ読ませます。子どもは、先程とは打って変わって、明るい表情で読みます。教室の雰囲気もぱあっと明るくなります。

(3) よい気分・感謝・ほめ言葉

「これからみんなでふわふわ言葉を言いましょう。最近『よい気分になったときのこと』『誰かをほめたいこと』『誰かに感謝したいこと』どれでもいいから発表しましょう。」

すぐには、言えない子どももいるので、教師がお手本を示す。

できたら、全員に発表させて、全員によい気分を味わわせたい。「昼休みに○○ちゃんに遊ぼうって言われてうれしかった」「昨日、○○くんたちに鉛筆を貸してもらって、ありがたかった」「体育の時間に○○さんが、逆上がりができて、すごいと思った」などのことを、明るい表

情で言うことでしょう。最後に、こう締めくくります。
「今日は、みんなからたくさんの『ふわふわ言葉』を言ってもらって、とてもいい気分になりました。ありがとう。この教室をふわふわ言葉があふれる場所にしましょう。」

　授業後、「ふわふわ言葉」「ちくちく言葉」をそれぞれ短冊などに書いて、教室に掲示しておくと、意識づけになります。

　この授業では教師の表情の「変化」がとても大事です。「ちくちく言葉」の場面では、真剣な表情で、「ふわふわ言葉」の場面では、うれしそうな表情で、子どもに語りかけると、一層効果的です。

　＜参　考＞手塚郁恵　『シリーズ＜育てる＞学校カウンセリング3　好ましい人間関係を育てるカウンセリング』　学事出版、1998年

❸ 適切な姿に注目しつつ、ときにはさわやかに指摘する

　きり子さんのような子どもは、不機嫌な態度や憎まれ口が、半ば「習慣化」していることがあります。不機嫌な態度については、あまり矯正しようと思わない方がよいでしょう。「もっと笑いなさいよ」なんてことは、間違っても言わないようにしたいものです。本人が一番わかっています。それよりも、1日の中で、笑顔でいたり楽しそうにしているときがあるはずですから、その瞬間を探して、楽しく会話したり、笑ったりするようにしたいものです。

　また、言葉については、人を傷つけたり、周囲を不快にさせたりすることが目に余るときは、きちんと指摘した方がよいのです。わかって言っている場合もあれば、周囲の反応がわからないで言っていることもあるからです。しかし、指摘するときは、不快な感情を残さないようにします。「短く、明るく、自分の思いを伝える」ようにしたいものです。さらりと「それ、ちょっと言い過ぎだと思うよ」「それ、ちくちく言葉だと思うよ」などと伝えるようにします。

わがまま

事例 21

　ゆみこさんは、課題がやりたくないときは石のように動かなくなってしまいます。優しく励ましても、厳しく促しても反応なしです。また、みんなが楽しくドッジボールをしていても、ボールが当たって悔しい思いをすると、ぷいっとコートを出てやめてしまうこともあります。
　叱られていない子どもが多いせいか、こうした傾向は女子に多いように思います。自分の言い分が通らないとあからさまに不機嫌になったり、いじけたり。こうした行動が目立つようになると、クラスの前向きな雰囲気にブレーキをかけてしまいます。こうしたわがままなふるまいにどう対応したらよいのでしょうか。

処方箋

❶ わがままで得をすること

　ゆみこさんの目的は何でしょうか。確かにわがままに育てられたという生育歴が関係しているようです。しかし、現在はわがままにふるまうことで「利益」があるから、その行動が継続しているのではないでしょうか。つまり、わがままを通すと、嫌なことをやらないで済むからそうしているのかもしれません。また、やらないでいると周囲が「どうしたの？」「大丈夫？」などと優しくしてくれるから、注目してほしいのかもしれません。また、教師やクラスメートと関係が悪く、周囲の言い分を聞かないようにしようという信念があるのかもしれません。わがまま

3章「乙女心」トラブルへの処方箋

の結果、何を得ているのかを考えて対応にあたります。

❷ 「わがまま得」を断つ

わがままなふるまいを叱っても反発するだけです。だから、わがままによって得られる「利益」を断つようにします。

(1) 課題をやらなかったら

声をかけてもやろうとしなかったら、やるまで待ちます。時間切れになったら、宿題にします。宿題にすれば、女子はまじめな子どもが多いのでやってきます。提出物を出さないというのは女子にとっては屈辱的なことなので、やってくるでしょう。

(2) 周囲の声かけを期待していたら

周りの子どもが心配して声をかけるのは、クラスとしては望ましいことです。それで、彼女が課題をやったりゲームに参加してくれたら、それはそれでよいことです。しかし、大抵やりません。他の子どもが、困った表情をしていたら、「少し、そっとしておいてあげよう」と声をかければよいでしょう。ゲームが終わってから、棄権した理由を尋ね、言い分があったら、共感的に聞きます。最後に「次は、最後まで一緒にやりたいな」と言えばよいでしょう。

❸ 不快感を知るロールプレイング

ゆみこさんのような子どもは、わがままなふるまいに陥ると、自分のことだけしか見えなくなります。ですからロールプレイングを通して、いかに周囲が不快な思いをするかを体験させるのが効果的です。女子の問題だから、あえて場面設定を男子にします。リアル過ぎると抵抗感を

もつからです。

(1) 状況把握

次の状況設定を読み上げます。そのあと発問します。

> ゆうすけくんたちは、給食が終わると、よく遊ぶ6人で何をして遊ぶか相談しました。ゆうすけくんは、いつもやっているサッカーがいいと言いました。しかし、たつやくんは、昨日体育の時間にやったソフトバレーボールが楽しかったので、「ソフトバレーがいい！」と言いました。ゆうすけくんは、「おれ、ソフトバレーうまくできないからサッカーしようよ、たっちゃん」とたつやくんに言いました。たつやくんは「ええー？」と不満そうでした。そこで、けんじくんが、「じゃあ、多数決にしよう」と提案しました。みんな、「いいねー」と納得しました。多数決の結果、4対2で、サッカーになりました。それでも、たつやくんは納得できません。「いいじゃん、いいじゃん、ねえ、どうして？」とみんなにソフトバレーボールをするように言いました。ソフトバレーボールに賛成したこうすけくんも、「たっちゃん、多数決だから、今日はあきらめよう、次やればいいじゃん、ね」とたつやくんに向かって言いました。それでも、たつやくんは納得できません。すると、たつやくんは、「じゃあ、もう、いい！」といって、教室の隅にうずくまってしまいました。「たっちゃん」「たっちゃん」「たっちゃんてばあ」みんなで声をかけても、たつやくんは顔を上げません。ゆうすけくんたちは困ってしまいました。

「ゆうすけくんたちが困っているのはなぜですか。」
と問い、問題点を把握させます。

(2) ロールプレイング

6人の役割を決めて、ロールプレイングをさせます。私は大抵立候補で決めています。おふざけにならないように声をかけておきます。そのとき、この物語をもとに6人の台詞をきちんと決めておきます。他の子ども（フロア）は、ロールプレイングを見ています。

演技が終わったら、それぞれの役の子どもに演じた気持ちを言っても

らいます。最初に、たつや役、そのあとにゆうすけ役を含む5人に聞きます。その後で、フロアにも聞きます。大切なのは、ロールプレイングを見た感想を一人ひとりがしっかりともつことです。わがままなふるまいに対する不快感をきちんと感じてもらいましょう。

(3) 結末の予測

　本書でたびたび出てきた手法ですが、たつやくんの行為の結末を予測させ、たつやの行為の問題点を把握させます。わがままなふるまいは誰のためにもならないことを気づかせます。
「たつやくんが今の行動を続けたらどうなりますか。」
「みんなが困る」「たつやくんも困る」「たつやくんと遊ぶ人がいなくなる」などが出ます。

(4) 改善策の検討

「たつやくんと友達はどうしたらいいでしょう？」
　改善策を子どもから募り、新しいシナリオをつくります。そして、それを再び演じさせます。また、感想を聞きます。たつやくんが妥協して今回はサッカーをし、次回は、ソフトバレーボールをするなどの約束を取りつけるなどのシナリオがつくられるかもしれませんね。
　わがままなふるまいに対する不快感、そして、改善した行動の気分のよさを子どもが感じたら、このロールプレイングは成功です。

❹ 協力体験

　上記は、治療的な手法です。その他に、ゆみこさんのような子どもが、協力することってよいことだと感じるような活動をときどきやることをお勧めします。フルーツバスケットや男女対抗ドッジボール大会など、ルールがシンプルなものがよいでしょう。

茶髪にしてくる

事例22

　2学期になり、なつみさんは、髪を茶色に染めてきました。もともと話題も服装も大人っぽい子どもでした。茶色になびく、なつみさんの髪にみんな興味津々。職員室でも、「どうしたの？」と話題になりました。
　この頃では、長期休業を機会に髪を染めてくる子どもがいます。保護者の方もしているので割と抵抗感をなくしているようです。低学年の場合は、保護者が積極的に染めている場合もあるようです。ただ、高学年の女子ともなると、保護者の趣味では片づけられないようです。

処方箋

❶ 初日の対応が大事

　プロローグで指摘しましたように、高学年の女子は、周囲の「縛り」を受けています。服装ひとつ持ち物ひとつにも、周囲の子どもにどう思われるかに大変気を使っています。それでも、なお、茶髪にするということは、その子どもにとってそれなりの意味をもった行動だと受け止めることができます。つまり、茶髪にも目的があります。その目的は、おそらく、他者の注目を引くことでしょう。
　とすると、茶髪にしてきた初日の対応がとても大切です。
"騒がない"

ことが鉄則です。騒いだら、彼女の作戦は成功です。まったくの無視も不自然ですから、「おや、色を変えたのね」くらいは言ってもよいでしょう。しかし、必要以上に注目しないことです。こうしたことに男子が騒ぎがちです。そうしたら、「あなたたちも、髪型を変えることがあるでしょう。同じです。そんなに騒ぐのは失礼です」と穏やかに言えばよいでしょう。

❷ 否定しない

　特に人に迷惑をかけているわけではないですから、あわててやめさせることでもありません。肯定しない代わりに否定もしません。「なんで、染めたの？」と詰問したり「やめなさい」なんて注意したりすることは、反発を食らうだけです。

　それよりも教師が考えなくてはならないのは、彼女が茶髪にしてまで、注目を引こうとしている目的です。「友達がいない」のでしょうか。「運動ができない」のでしょうか。「勉強ができない」のでしょうか。何らかのハンディキャップを感じていて、それが容易に解消できないために、彼女にとって比較的易しい髪を染めるという方法に出たと考えられます。

❸ 自分もまんざらではないと思わせる

　なつみさんは、勉強ができるようになりたい、でも、なかなか成績が上がらないという悩みがありました。家庭でも、何でもよくできる妹と比較されてつらかったようです。中学校進学が近づき、その焦りは、どんどん大きくなっていたようでした。

　彼女に足りないのは、自分を肯定するエネルギーです。自分もまんざらではないなという自信をもてば、彼女にとって茶髪はどうでもよいこ

とになるはずです。

（1）テストで合格点を取らせる

　彼女は毎月の漢字（50問）・計算テスト（25問）で合格点（90点）を取りたいと思っています。しかし、家に帰るとゲームの誘惑に負けて、勉強をしません。私のクラスでは、国語で毎時間漢字のミニテストをやっていましたが、そのシステムを彼女向けに少し、変えました。

---

① 練習テスト（3分：10問の場合）
　　ドリル（スキル）のテストするページの漢字をすべて写す。3分以内で写せるだけ写す。終わったらまるつけをする。
② 本番テスト（3分）
③ 再テスト（2分）
　　「本番テスト」で間違った字だけをテストする。「本番テスト」で満点だった子どもは、もう1度全問やる。
④ 確かめテスト（3分）
　　もう1度本番テストをする。

　「時間を区切る」ことや「間違った漢字だけを練習する」、また、「同じ問題を4回繰り返してテストする」ことにより、集中した反復を保証するようにしました。このミニテストでは、彼女は、大体80点近くを取るようになりました。

　このシステムに慣れてくると、平均40点程度だった彼女の月1度の漢字テストの点数が、90点近くになりました。彼女はこの結果をとても喜び、自分からお母さんにテストを見せたそうです。

（2）活躍の場を用意する

　彼女は、私の担当の児童集会を企画運営する委員会に所属していたので、集会の司会や連絡のための全校放送など、人前に立つ仕事を多くさせました。そのたびに、「上手になったね」「よく準備したね」「安心し

て任せられるよ」などの言葉をかけました。他の子どもにも、「なっちゃん、上手だったよ」とほめられとてもうれしそうにしていました。

❹ 保護者に協力をお願いする

　時期を見て保護者と会います。前述したように、茶髪にしてきたからといって保護者を呼び出したりすることは「大騒ぎ」することになるので賛成できません。懇談会や授業参観など、保護者が学校に来たときでよいのです。

　保護者に会うのは、髪を染めてきたことを問い詰めるためではありません。彼女が、自分に自信をもてるよう援助をお願いするためです。たとえば、次のように言います。

「なつみさんこの頃、勉強がんばっていますね。とてもうれしいことです。髪を染めてきたときには、ちょっと驚きましたけどね。中学が近づいてきて、勉強のことなどで不安になったのかもしれませんね。今それで、彼女に自信をもたせるように声をかけているところなんです。この前なんか、児童集会で、立派に司会を務めましてねぇ……。（中略）最近、少しですけど、自信をつけてきたようなところも見られますので、ご家庭でもまた、声をかけていただくとより自信がもてると思うんですよ。だいぶね、お母さんにも温かい言葉をかけていただいているようですけど、何といっても、家族に認められるのが一番うれしいですからね。」

不必要な物を持ってくる

事例 23

みきさんの筆入れの中には、色とりどりのペンが30本以上も入っています。「学習に必要ない物は持ってこない」というのが学校のきまりになっていますが、本人に言わせるとノートを書いたり、新聞を書いたりするときには必要だというのです。

高学年を担任すると必ず見られる現象です。自分の物をしっかり管理してくれればよいですが、落としたとか誰かに貸したらもどってこなかったとかのトラブルになることもあります。アクセサリーでジャラジャラいっているランドセルや筆入れ、手紙、アドレス帳、ビーズ類。どこまでが「必要な物」でどこまでが「不必要な物」なのか。

処　方　箋

❶ 2つの目的

不必要な物をやたらと持ってくる子どもには、2つの目的が考えられます。1つ目は、物で他者の関心を引こうとする「注目型」です。珍しい物を持ってくれば、「すごい」とか「いいなあ」とか周囲が言ってくれて一躍人気者になれます。自分に自信のない子どもがしがちなことです。もう1つは、高学年女子ならではの、「おつき合い型」です。仲良しグループで持ち物をそろえるのです。同じ物を持っていることは仲良しの証なのです。

❷ 初めが肝心

　持ち物に関しては、高学年を担任したら、特に筆入れに関するルールは学習が始まる初日に、ルールとして知らせます。最初にびしっと言ってしまえば、「そういうものか」と思い、比較的よく定着します。
　「みなさん〇年〇組の持ち物に関するルールを言っておきます。学習に関係のない物は持ってこないでください。学校で物がなくなると、そこから、どこでなくした、誰が取ったなどの問題になり、多くの人が嫌な気持ちになります。そういうことをできるだけなくすためには、余計な物を持ってこないのが一番です。特に筆入れ。筆入れの中身は次の物にしてください。鉛筆5本。まるつけ用の赤鉛筆（赤ペン可）、ミニ定規、消しゴム、これだけです。その他、必要な物についてはその都度言います。守ってくださいね。」
　なぜ、そういうルールが必要なのか理由をはっきり言っておきます。
　5月くらいまでは、子どもの持ち物をよく観察し、シャーペンや赤ペン以外のペンを使っていたら、「それ、必要ありませんよ」と教えてあげましょう。とにかく初めが肝心です。例外をここで認めると、なし崩し的に、いろいろな物が教室に持ち込まれます。

❸ 静観して機会を待つ

　子どもの筆入れが色ペンで膨れたり、アクセサリーがジャラジャラいい始めてから、上記のようなことを言ってもだめです。「今まで何も言わなかったのに」と反発されます。色ペンやアクセサリーは、高学年の子ども、特に女子にとっては、ファッションです。ファッションは関心の中心です。そうやすやすと禁止できることではありません。
　「注目型」の子どもが、最新式のシャーペンや色ペンを見せに来たら、

「なくさないようにね」と軽く言っておく程度にします。「いいねえ」とか「すてきだね」なんて決して言わないようにします。あまりにも目に余り注意したくなっても、もし、その子どもが「おつき合い型」だったら要注意です。

注意しようものなら「私だけ注意した」といって、その女子グループの反発を一斉に食らうことになります。そういうときは、やはり、「なくさないように気をつけてね」と心配している気持ちを伝える程度にとどめます。

不必要な物が、学級生活に支障がなければ、しばらく様子をみます。そして、指導の機会をうかがいます。

❹ ルールづくり

やがて必ず、「アクセサリーが壊れて部品がどこかにいった」とか「ペンを落として見あたらない」という訴えがあります。そうした訴えが、いくつか蓄積されたら、そのときがチャンスです。こう切り出します。
「今週に入って、もう〇件、ペンがなくなったという訴えがありました。このままだと、もっと多くのペンがなくなると思います。みなさん、たくさんのペンを持ってきているようですが、ルールをつくった方がいいと思いますが、いかがですか。ルールが必要だと思う人？」

と聞けば、多くの子どもが手を挙げるはずです。このとき、多くのペンを持ってきている子どもを責めないようにすることです。中には、何本ものペンをきちんと管理している子どももいます。その子どもにとっては、迷惑な話かもしれません。だから、困っている人のためにルールをつくってほしいと訴えるのです。「ペンがなくならないためにはどうしたらいいか」について解決策を募ります。

話し合いの中で、「ペンを禁止した方がよい」という考えと「ペンは

必要」という考えが対立するはずです。一方的に禁止することのないように配慮したいものです。「なぜ、禁止した方がよいのか」「なぜ、ペンが必要なのか」など、お互いの気持ちを十分に出させ、妥協点を見つけさせます。

「色ペンは〇本以内」という案が出るでしょう。

　十分に話し合ったクラスのルールならば、「注目型」も「おつき合い型」も、守ってくれるはずです。

　ルールづくりは、焦らないことです。ペンの事例から、持ち物についてあれもこれもルールをつくらない方がよいでしょう。アクセサリーについては、アクセサリーに関するルールをつくる話し合いをし、漫画本について、そのための話し合いをする、というように、ルールは、クラスで起こったトラブルに応じて定めていくようにするとよく守られます。

❺ 「注目型」には

「注目型」の子どもは、物で目立てなくなると、今度は別のもので目立とうとする心理がはたらくかもしれません。だから、「注目型」には、「茶髪にしてくる」の処方箋で述べたように、学習成績を上げるようにしたり、得意な部分を認めるようにして、自信をもたせるようにします。

目立つ仕事をやろうとしない

事例24

　高学年は学校のために仕事を依頼されます。「やりたい人？」なんて言うと、5年生の頃は立候補多数だったのが、6年生にもなると、手を挙げるのは一部の子ども。女子は沈黙するばかり。
　力のある子どもも多いのに、それを眠らせておくのはもったいない。女子をやる気にさせるにはどうしたらよいのでしょうか。

処方箋

❶ 恥ずかしいのではなく目立ちたくない

　女子でも仕事をしたい子どもは多いのです。むしろ、男子以上にやる気をもっているのではないでしょうか。しかし、女子集団の「縛り」の力は、軽く「やりたい」という気持ちを凌駕します。目立つことをしたらにらみを利かせるボスが、本当にいるかいないかは問題ではありません。女子は、男子以上に横の関係を大事にしますから、そうした「縛り」の圧力をいつも感じているのです。特に、女子グループは、行動をともにしたいという気持ちが強いですから、グループを抜け出て単独行動することは、まずしません。
　「やってみない？」という個人的説得は、特定の女子グループに所属していない子どもには、功を奏すこともありますが、グループに所属して

いる女子には効き目はないでしょう。教師が、一生懸命説得すればするほど、教師とグループとの板挟みになり、その子どもを苦しめるだけです。

❷ 見通しをもって役割を配分する

　学級経営がうまくいっていれば、5年生のときはそれほど配慮はいりません。しかし、6年生で女子を行事などで活躍させようと思ったら、学期始めに、その学期に行われる行事をリストアップして提示して、どれか1つは担当するように言います。たとえば、私の学校ですと、1学期の6年生の仕事は次のようなものがあります。

① 入学式準備（全員）
② 新入生に校歌を教える（12人）
③ 修学旅行実行委員（4人）
④ 運動会の応援団（6人）
⑤ 運動会のリレーの選手（4人）
⑥ 縦割り班の班長・副班長（全員）
⑦ 新入生に絵本の読み聞かせをする（8人）

　全員で担当する仕事以外の部分は、学級の合計人数を超えるようにしておきます。仕事が足りなかったら同学年の教師や、関係学年の教師と話し合って活動をつくります。⑦は、新たにつくったものです。全員が1つ以上担当するのであれば、グループに所属している子どもも安心して立候補します。

❸ 自由設立制の係活動

　これは特別活動で、「会社活動」と呼ばれるものです。女子は人間関係次第で、力を発揮することもあれば、まったく力を発揮しなくなるこ

ともあります。そこで、係活動のシステムを一工夫します。

> ① クラスに役立つことであれば何をやってもよい。
> ② 会社をつくりたくなったら、朝の会や帰りの会で「めあて」と「仕事内容」を発表し、メンバーを募集する。
> ③ 入社したくなったり、退社したくなったら、メンバーに断った上で、朝の会や帰りの会でみんなに知らせる。
> ④ メンバーがいなくなった会社は倒産する。
> ⑤ 1人がいくつの会社に所属してもよい。ただし、最低1社に所属する。
> ⑥ 会社のポスター（会社名、めあて、仕事、メンバーを記入）を掲示したら、仕事開始。

このシステムだと、活動したいメンバーと活動したいときにいつでもできるので、流動的な人間関係の子どもも、いつでも生き生きと活動できます。

私のクラスの仲良し4人組は、ある会社では、4人そろって活動し、別な会社では、別なメンバーとそれぞれ仕事をしています。女子グループは、解体しようとすればするほど、その結びつきを強めるとともに、学級にマイナスになる方法をとります。

ですから、グループの存在をクラスのシステムとして認めてしまいます。居場所を保証されたグループは悪質なグループにはならず、むしろ、そのパワーをクラスに貢献する方向に使ってくれます。

❹ 心底燃える活動を

1学期間に仕事を分配する方法の他に、大きなイベントを仕組み、全員に責任のある仕事をさせる方法もあります。

全員が目立つためには、終わった後に、全員がへとへとになるような活動がよいようです。何でもよいのですが、私のクラスの場合は、「お化け屋敷」です。私の学校には、児童会主催のお祭りがあり、出店をし

ます。そこで、この方法を実行します。自己満足で終わる程度のものではなく、低学年が泣き出すくらいの本格的なものです。窓ガラスにボール紙を貼り、完全に光を遮断します。教室は、何枚ものダンボールの壁とカーテンで、仕切り、迷路のようにします。あちこちに怖がる仕掛けがあり、作った本人たちも「こわかったあ」というくらいのレベルにします。これだけのものにすると、仕事もたくさんあります。

　子どもは、次のような仕事を、3時間話し合って決めました。

① 壁・順路表示作り
② 入り口で割る風船用意・入り口の戸を自動的に閉まるようにする・スライム落とし
③ お化けの衣装作り・メークアップ
④ 棺桶作り
⑤ 悲鳴の録音されたテープ作り
⑥ 手の出る電話作り
⑦ こわい人形作り

　ポイントは、「仕事を細分化して1つの作業グループの人数を少なくすること」です。そうすると、多くの子どもがグループのリーダーになります。このクラスの場合、半数以上のグループで女子がリーダーになりました。やる仕事がたくさんあり、さらに小グループに分かれていると、誰々と組みたいとか言っている余裕がなくなります。また、活動に夢中になっているので、全員が協力的になります。リーダーを務めた子どもにとっては、このイベントの成功は大きな自信になりました。活動の場を保障して、そのがんばりを認めていくことが、女子を活躍させる秘訣です。

言いたいことが言えない

事例 25

えりこさんは、明るく学習成績もよい方です。友達づきあいも仲良しのグループがあり、良好なように見えます。しかし、注意深く見ると、自分から冗談を言うこともないわけではありませんが、何かをするときには、ほとんど他の子どもの言ったことにうなずくだけです。自分から「○○しよう」と言うことはありません。

女子の仲良しグループは、一見とても良好な関係に見えますが、よく見ると、力関係があり、対等になっていないことがあります。受け身のコミュニケーションをしがちの子どもは、グループ内で差別的な扱いを受けていることがあります。

処方箋

❶ 言えないのではない、言わない

自己主張しない子どもは、言わない方が彼女にとって都合がよいと考えられます。女子、特に、グループ化した女子集団は、同調することを求める集団です。「NO」を言うことは、その集団からの離脱を示します。少なくとも、そう思い込んでいる子どもが多いようです。グループからの離脱は、居場所を失うことを意味しますから、そんな恐ろしいことを喜んでする子どもはほとんどいません。自己主張しない子どもは、言わないことで自分の居場所を確保しようとしているのです。しかし、言わないことで満足しているかというと、決してそうではなく、ストレ

スを感じたり不快感を感じていることがあります。たまったストレスは、ある日、弟や妹などに暴力的行動として出たり、不登校といった不適応行動として出たりするので、自己主張した方がよいという価値観とそのためのスキルを指導しておきます。

❷ アサーティブなコミュニケーションの方法を教える

「すぐ怒る・カッとなる」の処方箋で示した授業が、この場合も使えます。他者の感情を害さずに、自分の気持ちを伝える方法を教えるのです。

(1) 3つのコミュニケーションスタイル（105ページと同様）
(2) ペアインタビュー
場面1を読み上げます。

> ＜場面1＞
> あなたは給食係です。ちゃんと席に着いている人から名前を呼び、順番に給食を取りにいかせるのが仕事です。みんなが言うことを聞いてくれるときはよいのですが、そういうときばかりではありません。ようすけくんは今日も、あなたが注意しているにもかかわらず、隣の席の人に話しかけたり、宿題のプリントを広げたりしています。注意をすると「ちょっと、待って」というばかりで、いっこうにやめる気配はありません。だんだん、あなたはいらいらしてきました。でも、ようすけくんにはなかな注意できませんでした。

2人組でインタビュアーと「あなた」の役になって、インタビューをし合います。質問項目は、下の3つです。

> ① あなたは、どうして迷惑だと思い始めたのですか。
> ② あなたは、どうしてほしいのですか。
> ③ あなたは、どうして注意できないのですか。

代表数組に、やってもらいます。ここでは、3つ目の質問が重要です。「注意する勇気がない」「注意したらようすけくんを怒らせてしまう」「どう言っていいかわからない」など、主張したくてもできないときの気持ちを推測させます。

(3) 行為の結果の予測
「受動的コミュニケーション」「攻撃的コミュニケーション」の結果を予測させて、どちらもよくない状況になることをつかませます。次の発問をします。
① あなたが黙っていたらどうなりますか。
② あなたが攻撃的に「いいかげんにして！」と言ったらどうなりますか。

(4) ロールプレイング
「黙っていたり攻撃的になったりせずに自分の気持ちを伝えてみましょう。」
と投げかけてロールプレイングをさせます。役割を交代して、再度演じさせます。うまくいかないペアもあるはずなので、上手にできたペアに代表で演じてもらいます。みんなでそれを見て手本とします。

(5) 目標とするスキルの確認
（4）の成功例から、獲得したいスキルを確認します。
「どうしたらうまく気持ちを伝えることができますか。」
と発問し、子どもに考えさせます。出ない場合は、「すぐ怒る・カッとなる」の処方箋の中で述べた5つと同じでよいでしょう。

(6) メンタルリハーサル
目標とするスキルを違う場面で応用することで、スキルの一般化を図ります。場面2を読み上げます。

> <場面2>
> 　みつよさんとあなたは、同じ塾に行っていることもあり、普段はよく話す方です。しかし、ある日、塾があるので、あなたがみつよさんに「ねえ、一緒に帰ろう」というと、なぜか、みつよさんはあなたの方を見ないで、すーっと行ってしまいました。おかしいと思いましたが、その日は、1人で塾に行きました。塾でも、みつよさんはあなたに話しかけてきませんでした。次の日の朝、教室にいると、ちょうどみつよさんが入ってきました。あなたは、少し心配もありましたが、いつものように「おはよう」とみつよさんに声をかけました。すると、みつよさんは、何も言わず、あなたがそこにいないかのように、通り過ぎて行きました。あなたは、不安になるとともに悲しくなってきました。

「『あなた』になってみつよさんに気持ちを伝えましょう。まず、頭の中でリハーサルをしてみましょう。」と指示し、目標とするスキルを使って気持ちを伝える場面をイメージさせます。

(7) ロールプレイング

　2人組で演じさせます。1度終わったら、役割を交代して再度演じさせます。終わったら、代表数組に演じてもらいます。そのときに、それぞれの役を演じたときの気持ちを言ってもらいます。ロールプレイがうまくいかなかったグループには、うまくいく方法を子どもに言わせるなどして、適切な方法を教えて、その方法で演じさせます。上手にできているグループは、そのよいところをほめます。

(8) シェアリング

　この学習を通して学んだことを発表してもらいます。男子は、あまりこういう経験がないため、面白そうに演じていました。女子は真剣そのもので、「怒らないでも言えることがわかった」と言う一方で「無視されたときの悲しい気持ちがよくわかった」などと述べていました。

テストにこだわる

事例 26

　みゆきさんは、活発ながんばりやさんです。何でも努力するのはよいのですが、テストで100点を取らないと気が済みません。6年生になり、中学校を意識し始めるとそうした傾向に拍車がかかってきました。90点や95点でも涙を流したり、ときには、100点を取れなかったテストをくしゃくしゃにまるめて捨てたりすることもあります。
　成績が優秀な負けず嫌いな子どもにときどき見られる姿です。特に、女子のなかにはできるだけ失敗をしないように「転ばぬ先の杖」をたくさんついてもらってきている子どもがいて、なかなか失敗を受け入れられないことがあるようです。

処方箋

❶「私はこんなにがんばったのに！」

　彼女は、これまでの経験のなかで「テストで100点を取ることはすばらしい」という信念を獲得してきたことでしょう。それだけなく、高得点を取ってほめられているうちに「100点を取ったときだけ自分は存在が許される」くらいの信念で自分を縛るようになっているのかもしれません。そんな彼女にとって、テストで満足のいく結果を得られないことは、存在を否定されることです。感情的になっているのは、悔しい気持ちとともに、周囲に「私はこんなに悔しがるくらいがんばったんだか

ら！」と知らせようとする目的もあると考えられます。

❷ 声かけの質を問い直す

　教師の普段のテストや物事に対する態度がこうした傾向を強めていることがあります。みゆきさんのような行動を、子どもの性格だとあきらめないで、教師の働きかけを見直します。

（1）パニックに注目しない
　まず、パニックを起こしている彼女に必要以上に注目しないことです。泣いていたら泣きやむまでそっとしておきましょう。テストをくしゃくしゃにしてゴミ箱に投げ入れたなら、そのままにして落ち着いたら拾わせます。興奮しているときに必要以上になぐさめの声をかけることは、逆効果です。「悔しさをわかって！」と燃えるように訴える気持ちに油を注ぐだけです。

（2）失敗を責めない
　教師が普段から子どもの失敗を責めたり、テストを返すときに、点数の悪い子どもに失望したような表情をしていると、他の子どももそれを見ていて教師の価値観を推し量ります。みゆきさんが、「先生！　どうして？」と目に涙をためて訴えてきたら「残念だったね」と穏やかに言って、その子どもの悔しさを受け止めてあげればよいでしょう。また、普段からみゆきさんにだけでなく、みんなに「失敗してもいいんだ」と口癖のように言っておくことが必要です。

（3）プロセスに注目する
　普段から「失敗を責めない」と同時に、「プロセスに注目する」声かけをします。テストで高得点を取って喜んでいる子どもがいたら、「よ

い点取ってよかったね」と言うのではなく「努力したね」とほめます。思うような結果が出ずに、残念がっている子どもがいたら「次がんばればいいよ」と言う前に、「よくがんばっていたよ」と言います。教師が結果に注目すれば、子どもも結果を重視するようになってしまいます。努力の姿勢や過程に注目する価値観をつくっておきます。

（4）テスト以外のがんばりに注目する

　高学年くらいになると、教師が思う以上に、子どもは中学校の学習にプレッシャーを感じています。学習以外の子どものがんばりもほめるようにします。学習以外にも、存在価値を示すことはたくさんあることをわからせます。全体なら「今日の入学式の準備は、すばらしかったね。一人ひとりが、よい入学式にしようというやる気を感じました。ありがとう」、個人なら「朝、１年生をいつも学校に連れてきてくれてありがとう」などと、その気になれば、いくらでもネタは見つかるでしょう。

❸ 「多様な人生から」語りかけてもらう

　今どこの学校でも、道徳や総合学習でゲストティーチャーにきていただいて授業を実施していることでしょう。「勉強の象徴」の教師が、「勉強よりも大事なことがある」と一生懸命言っても、伝わらないときがあります。そうした価値観を、ゲストティーチャーに示していただくと、すんなりとわかってくれることがあります。
　私の先輩で、けがによる障害で車椅子生活をしている方がいます。あるとき、その方に、講演をお願いしました。講演に使うパソコンの調子が悪く映像がうまく出ないというハプニングがありました。先輩は、「失敗も大事なのね、そこから学ぶことがたくさんあるから」と穏やかな顔でおっしゃいました。その後、彼は障害から立ち直っていくさまをじっくりと子どもに語りました。その後、みゆきさんは、「失敗って大

事なんだ」としみじみ感想を述べていました。

　また、お年寄りと交流会をしました。お年寄りとのおしゃべりのなかで、あるお婆さんが、にっこりと微笑みながら「勉強も大事、優しい気持ちも大事……」と言うと、お婆さんを囲むようにして座っていた子どもは、うんうんとうなずいていました。

　さまざまな人生哲学から生み出される一言は、子どものこころにズシンと響きます。この頃のみゆきさんは、テストで不満足な点を取っても、「もう、最悪！」とか言いながら、「次は、できるさぁ」と声をかけると「そうだね」と明るく返すようになりました。

❹ 家庭への呼びかけ

　みゆきさんのような子どもは、家庭の価値観に大きく影響されていることが多いようです。親は、純粋に子どもへの期待から、学習に価値をおいた声かけをしているのですから、それを責めることはできません。しかし、学校での担任の価値観は示していく必要があろうかと思います。個別懇談や学年懇談で、結果だけでなく努力している姿や学習以外の子どものよい姿を伝えるようにします。個別懇談でみゆきさんのお母さんが「先生、うちの子、最近勉強さぼっていません？　何とか言ってやってください」と心配されていました。そこで、
「そうですね、確かに今回のテストはいつもに比べてよくなかったかもしれませんね。でも、お母さん、家庭学習帳を見ると、実によく復習していましたよ。授業でも、よく集中していました。この前の漢字練習プリントを『家でやる』と言って1枚余計に持っていきましたよ。」
　と言いました。その他にも、あいさつがとてもよいこと、鉄棒の練習をがんばっていることなどを、具体的エピソードを添えて話しました。家庭への働きかけは、焦らないことです。薄皮を1枚1枚はがすように、懇談や学級通信などの機会を使って、行うことです。

「よい子」

事例 27

あさみさんは、成績優秀、ノートの字も美しく、作品もとてもていねいに仕上げます。教師の言うことも素直に聞き、何を頼んでもやってくれるので、ありがたい存在です。しかし、何でもがんばり、完璧を求める彼女は、友達や自分の小さな失敗が許せず、ストレスを感じ、へとへとの学校生活を送っていました。

今までそうやって「よい子」をしてきたのが、思春期になり「自分」が育ってくると、「自分」と「よい子」のギャップに悩み、腹痛、頭痛などの身体症状として表れる子どももいます。「よい子」だからといって、手放しで喜んではいられません。

処 方 箋

❶「よい子」の目的

あさみさんのような「よい子」に出会ったとき、その子どもが「よい子」でいる目的を考える冷静さをもちたいものです。あさみさんにとっては、「よい子」でいることが、居場所を確保する方法です。あさみさんは、いつも、しっかりがっちり見守られ、よいことをするとほめられ、そうすることで居場所を確保してきたと考えられます。「よい子」が悪いのではありません。高い能力を発揮し、周囲に貢献しているのだから、それはよいことです。しかし、問題は、そういう自分に「居心地の悪さ」

を感じていることです。「よい子」でいたいのも、それに違和感を感じているのも、あさみさんの本当の姿です。大切なことは、あさみさんが望む自分でいられる環境をつくることです。

❸ 教師が失敗する・謝る

　あさみさんのような子どもは「人は失敗してはいけない」という信念をもっている場合があります。「よい子」として育てられてくれば当然でしょう。だから、まず教師が完璧であろうとすることを捨てることです。「漢字を間違える」「予定を言い忘れる」「忘れ物をする」などなど。あまり頻繁だと教師の権威に響きますから、「適度」に小さな失敗をします。そのたびに、「ごめんね！」とさわやかに謝ります。失敗を指摘してくれた子どもには、笑顔で「ありがとう」と言います。自ら失敗し、そして、失敗したときの対処の仕方のお手本を示すようにします。

　また、学級経営の方針として、子どもの失敗を責めないようにします。自分も失敗するのに、子どもの小さな失敗を責めていたら信頼を失います。人の失敗を責める子どもがいたら、「そんなに言わなくても十分分かっているよ」と責められた子どもをフォローします。学級に、失敗を責めない雰囲気をつくります。

❸ 自己決定の経験を多く積ませる

　「よい子」は自分で決める経験が圧倒的に足りません。だから、自分で決める経験をたくさんさせます。学習の中で、自分の考えをもたせるだけでなく、普段のかかわりの中でも鍛えます。自分の意思や感情を出せるようにしていきます。「決定権は我にあり」ということを少しずつ少しずつ理解してもらいます。

（1）どうすればよいと思う？

「よい子」は、何かを指示すると「○○してもいいですか？」とあえて確認にくることがあります。確認しないと行動できなくなっていることがあるからです。そうときは、「あなたはどうすればいいと思う？」と聞き返します。答えはもう出ている場合が多いので「あ、そうか」といって行動に移るでしょう。

（2）どうしたい？

　何か決定するときに、「先生どうしたらいいですか？」と聞きに来ることがあります。そんなときも、「あなたはどうしたいの？」と聞き返します。「分からないから聞いているんです」と賢い「よい子」は言うかもしれません。もし、放送委員会と図書委員会のどちらに入ってよいか迷っていたら、まず、迷っている理由を聞き、それぞれのメリットを話してやり、「あなたに決めてほしいな」と言います。誰かに、行動の選択を確かめたいだけですから、話を聞いてあげればそれなりの答えを出すでしょう。

（3）〜いい？

　どうしても、教師が話を進めなくてはいけないときがあります。具合が悪くてお家に連絡しなくてはならないときなどです。そんなときも、「家に連絡してもいい？」とあえて聞きます。

（4）してくれる？

　何かを頼むときも、命令をしません。依頼をします。「命令－服従」という行動パターンから「依頼－承諾」という行動パターンに変えます。「これを教室まで運んでください」これは、命令です。どんなにていねいに言っても、教師の言うことは「よい子」にとっては、逆らうことのできない命令になります。だから、「悪いけどこれを教室まで運んでも

らえる？」とお願いします。まず、断ることはありません。しかし、次に命令されたとき、違和感を感じるようになります。それでよいのです。もし断ったら、「そう、都合のよいときお願いね」と言ってあっさり引き下がり、密かに喜びましょう。

(5) 自己決定を喜ぶ

　(1)や(2)で、彼女が自己決定したらさりげなく「自分で決めてくれてうれしいな」と言ったり、にっこり笑ったりして、彼女の選択に対して教師の肯定的感情を示します。そうすることにより、彼女は、そうすることが「よいことだ」と学んでくれるでしょう。同じ肯定的フィードバックでも、「自分で決めて、えらい」とか「すばらしい」というのは、あまりお勧めしません。「よい子」は「えらい」とか「すばらしい」というほめ言葉の「定番」で、「よい子」として育ってきたのです。そうしたほめ言葉をもらうために、この先生の前では「こうふるまおう」という信念をもたせないようにしたいものです。

❹ 一緒に笑う

「よい子」は、表情に乏しい子どもが多いようです。あさみさんは、4年生のときは「能面」のようだったといいます。教師がその子どもに楽しい話をしたり、冗談みたいなことを笑顔で話してあげて、一緒に笑います。その子どもが声を挙げて笑うようになったら、もう、「治療完了」です。動物好きなあさみさんが「あはは」と声を挙げて笑ったお話です。「昨日、先生が高速道路を走っていたらね、信じられないものが道路を全速力で走ってきたんだよ。なんだと思う？（子どもの表情をじっと見つめる）豚だよ。豚！（ええ!?とのけぞる子ども）養豚場のトラックから、な、な、なんと！走行中に豚が逃げ出したんだ。（あはは）よほど、食べられるのが嫌だったんだね。（笑！）」

エピローグ

女子の「荒れ」に備える

回復がむずかしいとされる女子の「荒れ」
早めの対応が大切
どうすれば「予防」できるのか

また、担任の手に負えないときは
どのように連携を図ったらよいのか

子ども懇談会

　どこの学校でも「学校生活に関するアンケート」など、子どもの学校における意識調査をしていることでしょう。アンケートは、子どもの内面を知る貴重な資料です。しかしこの頃、アンケートをしても子どもの実態がわからないという声を聞きます。そこで、子どもと１対１で話す機会を設けてはいかがでしょうか。女子はおしゃべりが好きです。また、担任と１対１の関係をつくりたいと思っています。こうした機会を定期的に設け、問題を早期発見したり、信頼関係づくりをします。

❶ 方　法

（１）趣旨の説明
　次ページの「❷実際　（１）投げかけ」を参照してください。

（２）日時の通知
　日にちは前もって全員分設定します。しかし、時刻は急な出来事などで変更の必要が出てくるので、当日に知らせるようにした方がよいでしょう。「○時○分から山田さん」のように決めておくと、他の用事がある子どもも、時間までは遊んだり、仕事ができるので喜ばれます。

（３）順番の設定

順番は原則的に名簿順ですが、子どもによって、放課後が都合のよい場合もあるし、昼休みがよい場合もあります。そこは子どもに選ばせ、適宜順番を入れ替えます。

(4) 時間の設定
　1人5分程度。もっと話したい場合は、別な機会を設定します。

(5) その他
　2週間で、全員が終わるくらいの日程で臨みたいものです。2週間で実施可能な日が6日と考えて、30人の学級で1日5人程度。学期に1回は実施したいものです。

❷ 実　際

(1) 投げかけ
　子どもにとっては唐突な提案なので、子どもに目的をきちんと話してから始めます。たとえば、次のように投げかけます。
「みなさんも高学年になり、いろいろと忙しいと思います。私に話があっても、委員会があったり他の用事があったりしてできないこともあるでしょう。そこで、ときどき放課後や昼休み『お話タイム』を設けます。勉強のこと、友だちのこと、何でもいいからお話ししてください。もちろん、困っているときは相談にのりますよ。時間は1人5分ほどです。5分で話しきれない人には別な日に時間をとります。」

(2) 内容
　内容は子どもによって変わります。たくさん話をしたい子どももいれば、先生と話すことに抵抗感を感じ、黙っている子どももいます。また、相談をしたい子どももいます。基本的に内容は自由です。子どもと教師

の関係づくりのきっかけになればよいのです。

① 子どもが黙っている場合

「何か話したいことある？」と聞いて「別に……」とあまり話したくなさそうならば、教師がその子のよいところやがんばったところを伝えます。話したくない子どもでも、自分のよいところなら聞いていてうれしいはずですから、こんな時間も悪くない、と思ってくれるでしょう。

「前から言いたかったんだけどね、〇〇さんてノートとるの上手だよね。6年生であれだけ書ける人はなかなかいないね。家庭学習帳も、色ペンを上手に使って、見やすく書いているよね。みんなの参考にしたいから、今度コピーさせてもらってもいいかなあ。」

このように他愛のないことでよいのです。話をしないだろうと予想される子どもには、ほめるネタをたくさん用意しておきましょう。

② 子どもが進んで話をする場合

こういうときは、教師は話の内容に合わせた表情で、うんうんと聞いていればよいです。楽しい話だったら、うれしそうに「ええ？」「そうだったんだあ」などと相づちを打ちながらおしゃべりを楽しめばよいでしょう。気を許してくると、家族への不満などを口にすることもありますが、「そんなことをいっちゃダメだよ」などと、指導めいたことは言わず、「そうか、〇〇さんも大変なんだね」と共感するようにします。

③ 相談事がある場合

②と同じように、共感するように聞きます。いきなりアドバイスする必要はありません。困っていることでも、ただ聞いてほしいだけかもしれません。そんなときは、「先生に何かできることはある？」と聞いてみましょう。アドバイスが必要ならば、そう言うでしょう。

④ 最後に

必ず「話してくれてありがとう」とか「来てくれてありがとう」と感謝の気持ちを伝えます。そして「また、いつでも話してね、待っているよ」と教師が子どもに関心を向けていることを伝えましょう。

「女子の変化」チェックリスト

　女子の「荒れ」を予防するには、「アンケート」による内面の把握、「子ども懇談会」による関係づくりと実態把握とともに、担任としての子どもウォッチング（観察）も重要な方法です。しかし、ただ漫然と見ていても、子どもは見えません。いくつかの観点をもって子どもの変化を見取ります。急激な変化や気になる変化が見られたら、個別に話を聞くなどの早急な対策が必要です。子どもを見取るチェックポイントをリストアップしました。複数の項目に変化が表れる場合もあれば、どれかに極端に出る場合もあります。1カ月に1度はこうした観点で、学級をチェックしてみることが大切でしょう。

○家族（家族構成・家族内の人間関係・経済状況など）
○友人関係（仲良しグループ内での力関係など）
○孤立（独りでぽつんとしていないか、教室移動のとき誰かといるか、休憩時間誰と遊んでいるかなど）
○携帯電話（有無、使用状況は適切かなど）
○パソコン（有無、家族共用か、自分専用かなど）
○外見（服装、髪型、容貌、体形など）
○持ち物（学用品は適切に購入されているか、不要物の所持など）
○あいさつ・言葉遣い・返事（「死」「殺す」などとノートなどに書いてないか）
○睡眠・食事の取り方（起床時間・就寝時間、朝ご飯を食べているか・何を食べているか）
○作業のていねいさ（文字、絵画、物のしまい方）

連携して取り組む

　生徒指導上の問題は1人で悩まないことが大切です。特に、女子の「荒れ」は、複雑に要因が絡まり解決に時間がかかります。担任の立場では、思いや感情が先に立ち、冷静にとらえることがむずかしくなります。そのため、問題の本質が見えなくなってしまうことがあります。また、子どもとの関係が悪くなってくると、教師に対する無視や悪口などの人格攻撃をしてくることもあり、どんどん教師の「体力」を奪っていきます。弱った体では、荒れに立ち向かうことができません。積極的に同僚や管理職に相談し、アドバイスをもらいながら対応することが解決の近道です。ここでは、連携の1つのあり方を示します。

❶ 学年への相談

　「おかしいな」と思ったら、すぐに同学年の教師に相談します。ここで、適切なアドバイスをもらうことができたと思ったら、それを実践してみてその結果を報告し続けます。学年単学級の場合は、生徒指導主任に相談してもよいでしょう。

❷ サポートチームの編成

　❶でうまくいかない場合は、同学年の教師とともに、生徒指導主任に

相談します。「学校相談委員会」などのサポートチームがある場合は、生徒指導主任がそこに話を出してくれるはずです。

　サポートチームの例を示します。組織がない場合は、学年主任を通して、生徒指導主任に働きかけ、組織してもらいます。

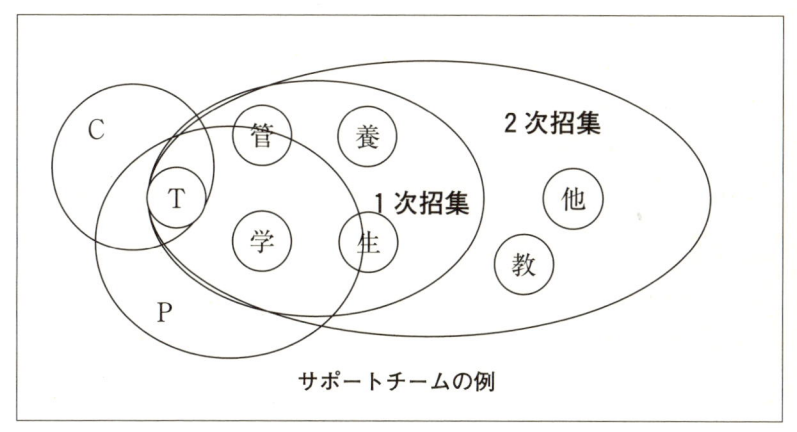

```
                サポートチームの例
```

T：担任　　管：管理職　　養：養護教諭　　学：学年主任　　生：生徒指導主任
C：子ども　　P：保護者　　教：教務主任　　他：他の教師、生徒指導部員

　子どもとの最前線に立つのは、担任教師です。しかし、その影で多くのスタッフが支援をします。ほとんどの場合、「1次招集」で対応しますが、問題の大きさや状況によって「2次招集」をかけ、適当な職員にかかわってもらいます。養護教諭は、担任の気づかない子どもの様子を実によく知っています。また、カウンセリングに詳しい方もいらっしゃるので、貴重なアドバイスがいただけます。

❸ 保護者に対して

　問題によっては、保護者が学校に要望（ときにはクレームをつけに）に来たり、保護者会を開いたりするときがあります。そのときは、1人で対応せず、学年主任、場合によっては生徒指導主任や管理職に同

席してもらいます。話す内容や役割については、しっかりとうち合わせしておくことが必要です。ここでの重要なポイントは、
"保護者との信頼関係づくり"
です。「心配だけど、学校に任せてみるか」という気持ちになってもらうよう努力します。そのために、少なくとも次のことはしておきます。

(1) 謝罪

話を始める前に、まず、きっちりと謝りたいものです。どんなに、子ども側に非があろうとも、自分の管理下で起こったことですからそのことは謝罪します。

(2) 話を聞く

問題となっている子どもの保護者は、不安やいらだちを感じています。まず、その感情を理解し、時間を惜しまず、徹底して話を聞くようにします。このとき、保護者の要望も十分聞き出します。

(3) 具体的方策の提示

上記の（1）、（2）がきちんと保護者に届いていないと、これは伝わりません。保護者の表情や語気をしっかり読みとって、学校側の誠意が伝わったら、どのような手立てで解決するつもりなのかを示します。

❹ 関係機関との連携

子どもの問題行動の背景には、発達や家庭の問題もあります。それを目の前の子どもの断片的な姿だけでとらえようとするのは危険なことです。発達や家族の理解には専門的な知識や深いかかわりを要します。サポートチームとの相談の上、児童相談所、地域の民生委員等との連携を図っていくことも視野に入れて対応します。

❺ サポーターの先生方へ

　おそらくどこの学校でも、上記のような「学校相談委員会」や「いじめ不登校対策委員会」などのサポートチームが用意されていることでしょう。組織がよりよく機能するためのサポート会議のもち方とそこに臨む職員のかかわり方を示します。

(1) 定期的なサポート会議を

　今、実施されているサポート会議は、1回きりか、新たな問題が起こったときや問題が深刻化したときに不定期に行われているものと思います。しかし、大切なことは継続的なサポートです。少なくとも2週間に1度、できたら1週間に1度、30分程度でよいので、定期的にサポート会議を開いてほしいものです。その内容は学校独自でよいと思いますが、1例を示します。

① 担任からの現状報告：何が問題なのか。担任はどのようにしたいのか。
② 解決策の提案：問題に対して、サポートメンバーでできるだけ多くの解決策を提案します。
③ 解決策の検討：提案された解決策の、適切さを検討します。どんなに方法として優れていても、その担任が実施できなくては意味がありません。担任の意見を聞きながら、解決策をいくつかにしぼります。
④ 解決策の選択：しぼられた解決策の中から、次のサポート会議まで、担任が取り組んでみたい解決策を選びます。
⑤ 解決策のふり返り：次のサポート会議で、実施してみた解決策がうまくいったかどうかふり返ります。うまくいっていたらその解決策を継続すればよいのです。もし、うまくいかなかったら、その原因を考え、修正するか別の解決策を探ります。

(2)「自分にしかできないこと」ではダメ

　ガツンと叱ることの苦手な教師に「叱れ」といっても無理があります。アドバイスするときに、自分にしかできない方法では、困っている担任を援助することはできません。その教師の指導スタイルに合った指導法を考えてあげたいものです。

(3) できている部分・成果を積極的に認める

　困っている担任は、大きなストレスを抱えがちです。女子との関係がこじれてくると「授業がつまらない」などの教育行為に対してだけでなく、「暗い」とか「キモイ（気持ち悪い）」などと人格への攻撃も始まり、へとへとになっている場合があります。しかし、教師としてのプライドはしっかりもっています。だからこそ、へとへとになりながらも教室へ行くわけです。そこは十分に認めながら、アドバイスします。そして、たとえ少しでも、向上が見られたらそこを積極的に評価して、自信を取り戻すようにします。

(4) サポーターは「影」

　善意からでしょうか。荒れたクラスに、その教室まで行って大声で叱ったり、また、担任以上に親身になって話を聞いたりしようとする教師がいますが、それは賛成できません。サポーターは、あくまでも「影」です。担任を飛び越して関係をつくろうとしない方がよいです。最も大切なことは、担任と子どもの関係の改善です。それを阻害するような働きかけは、控えるべきです。

　ただし、担任が子どもの前に立てなくなるほど弱り、サポート会議で、他の教師が積極的支援に出ることが決定された場合は、その決定に従って行動してよいでしょう。

■著者略歴

赤坂真二（あかさか・しんじ）

小学校教諭・学校心理士
1965年　　　　　新潟県新潟市生まれ
1989年3月　　　新潟大学教育学部小学校教員養成課程卒業
2003年3月　　　上越教育大学大学院修士課程修了
2003年4月～2008年3月　新潟県新潟市立曽野木小学校勤務
2008年4月より　上越教育大学大学院准教授

＜修士論文題目＞
アドラー心理学に基づくクラス会議の効果

＜著書＞
『学級指導　困ったときの処方箋』（学陽書房）
『友だちを「傷つけない言葉」の指導』（学陽書房）

＜共著書＞
『ミニネタで愉快な学級を創ろうよ』（学陽書房）
『こうすれば「学習習慣」は身につく　低学年』（明治図書）
『小学校学級づくりゲーム＆エクササイズ　3・4年』（明治図書）
『とっておきの道徳授業』（日本標準）
『とっておきの道徳授業3』（日本標準）

小学校高学年女子の指導　困ったときの処方箋

2005年4月1日初版発行
2009年3月18日5刷発行

著　者　　赤坂真二
発行者　　光行淳子
発行所　　学陽書房

〒102-0072　東京都千代田区飯田橋1-9-3
営業◎TEL 03-3261-1111(代)　FAX 03-5211-3300
振替◎00170-4-84240
編集◎TEL 03-3261-1112(代)　FAX 03-5211-3301

組版／フォレスト　印刷／加藤文明社　製本／東京美術紙工
装画・イラスト／杉本はるみ　装丁／佐藤博
ISBN978-4-313-65144-9 C0037　©2005 Shinji Akasaka, Printed in Japan
乱丁・落丁本は、送料小社負担にてお取り替えいたします。

学級指導 困ったときの処方箋 —先生のタイプ別アプローチ

赤坂真二

「なんでうまくいかないんだろう?」

トラブルを「やっかいごと」から「チャンス」に!

その対処法で合っていますか? 学級生活でのトラブルへの有効な対処法を複数紹介! 自分に合った指導法がわかる!

学陽書房

四六判　192頁　定価1680円（5％税込）

●けんか、忘れ物、廊下を走る、給食中騒がしいなど学級指導でよくあるトラブルに対して、「厳しいタイプ」「優しいタイプ」など先生のタイプ別に複数の対処法を紹介。
●自分にあった指導法がわかる!